四川交通职业技术学院国家“双高计划”建设项目之“党的建设”子项目成果、
四川交通职业技术学院“职业教育提质培优三年行动计划”重点任务“落实立德树人根本任务”之思政教育项目成果
四川高等职业教育研究中心课题：“三全育人”视域下交通院校“两路”精神培育体系研究与实践（课题编号：GZY21B22）

融合思政教育视域下
社会主义核心价值观
培育践行研究

U0812417

编　著　王蓉霞
撰稿人　王蓉霞　谭雪婷　王　颖　熊　梅
陈　蕾　万心意　喻文翠　徐艳姝
罗　解　王晨蔚

四川大学出版社
SICHUAN UNIVERSITY PRESS

项目策划：曾　鑫
责任编辑：曾　鑫
责任校对：孙滨蓉
封面设计：墨创文化
责任印制：王　炜

图书在版编目（CIP）数据

融合思政教育视域下社会主义核心价值观培育践行研究 / 王蓉霞编著. — 成都 : 四川大学出版社, 2021.8
ISBN 978-7-5690-4842-1

Ⅰ. ①融… Ⅱ. ①王… Ⅲ. ①大学生－思想政治教育－研究－中国 Ⅳ. ①G641

中国版本图书馆CIP数据核字（2021）第152415号

书名　融合思政教育视域下社会主义核心价值观培育践行研究
RONGHE SIZHENG JIAOYU SHIYU XIA SHEHUIZHUYI HEXIN JIAZHIGUAN PEIYU JIANXING YANJIU

编　　著	王蓉霞
出　　版	四川大学出版社
地　　址	成都市一环路南一段24号（610065）
发　　行	四川大学出版社
书　　号	ISBN 978-7-5690-4842-1
印前制作	四川胜翔数码印务设计有限公司
印　　刷	四川五洲彩印有限责任公司
成品尺寸	170mm×240mm
印　　张	13
字　　数	248千字
版　　次	2021年9月第1版
印　　次	2021年9月第1次印刷
定　　价	55.00元

版权所有 ◆ 侵权必究

◆ 读者邮购本书，请与本社发行科联系。
电话：(028)85408408/(028)85401670/
(028)86408023　邮政编码：610065
◆ 本社图书如有印装质量问题，请寄回出版社调换。
◆ 网址：http://press.scu.edu.cn

四川大学出版社
微信公众号

前　言

价值观，是基于人的一定思维感官之上而作出的认知、理解、判断或抉择，是人认定事物、辨别是非的一种思维或价值取向。每个人总要受一定价值观的影响和支配，一个国家、一个社会需要有社会成员普遍认同的价值观来维系。正处于伟大复兴征途中的中国，既需要有自己的核心价值观，更需要有科学鲜明的价值导向来引领社会思潮并凝聚社会共识。党的十八大报告指出："倡导富强、民主、文明、和谐，倡导自由、平等、公正、法治，倡导爱国、敬业、诚信、友善，积极培育和践行社会主义核心价值观。"这一论述不仅明确了社会主义核心价值观的基本理念和具体内容，而且提出要积极培育和践行社会主义核心价值观。可以说，社会主义核心价值观是统摄中华民族精神世界的国家之魂、社会之魂、公民之魂。

"魂"有所依，才能落地生根；"魂"有所寄，才能精神变物质。培育和弘扬社会主义核心价值观是凝魂聚气、强基固本的基础工程，是需要全社会共同参与的系统工程。高职院校作为人才培养的主要阵地，也是培育和践行社会主义核心价值观的重要阵地。党的十九大报告明确提出，培育和践行社会主义核心价值观，要以培养担当民族复兴大任的时代新人为着眼点。将社会主义核心价值观融入高职院校思想政治教育，不仅有利于培养高职院校大学生的政治素养，引导师生坚定对中国道路、理论和制度的自信，增强对中华文化价值的自信，而且有利于解决高职院校培养什么人、为谁培养人、怎样培养人的根本问题。

本书主要从高职院校思想政治教育的视角研究社会主义核心价值观的培育与践行，考虑到社会主义核心价值观的本质特征就在于其鲜明的实践性，在撰写过程中将本书分为上下两篇。上篇为理论篇，下篇为实践篇。上篇理论篇分为五章，主要阐述了社会主义核心价值观的科学内涵及其与高职院校思想政治工作的重要联系，提出了如何运用课程育人、实践育人、文化育人、网络育人等多种途径，加强大学生社会主义核心价值观的培育和践行，重在巩固师生对社会主义核心价值观的思想认同。下篇实践篇分为三章，分别以社会主义核心价值观十二个词为主题，选取主题班会、师生征文等高职院校思想政治教育和实践活动形式，将社会主义核心价值观融入高职院校师生的日常学习生活中。同时，结合高职院校大力弘扬劳模精神和工匠精神的时代背景，将社会主义核心价值观与“劳模工匠进校园”活动相融合，运用全国交通运输职业院校开展的“劳模工匠进校园”活动中的典型人物、先进事迹，诠释社会主义核心价值观的深刻内涵。着力挖掘高职学生身边优秀人物，树立道德榜样，用鲜活事例、榜样的力量激励高职学生，有效提升高职学生践行社会主义核心价值观的自觉性和主动性。本书的编著得到了四川交通职业技术学院相关师生的大力支持。在此一并致谢，同时还十分感谢学院谭雪婷老师、王颖老师、熊梅老师、陈蕾老师、万心意老师、喻文翠老师、徐艳姝老师、王晨蔚老师、罗解老师积极参与了本书的撰写、案例编撰和其他相关工作，也感谢四川大学出版社曾鑫老师对本书的出版给予的大力支持。

王蓉霞

二〇二〇年六月

目　录

上篇　理论篇

下篇 实践篇

上篇　理论篇

第一章　社会主义核心价值观和高职院校学生思想政治教育

第一节　社会主义核心价值观

一、社会主义核心价值观与社会主义核心价值体系的关系

2006 年 10 月，党的十六届六中全会通过的《中共中央关于构建社会主义和谐社会若干重大问题的决定》，第一次明确提出了“建设社会主义核心价值体系”这个重大命题和战略任务。2007 年，胡锦涛总书记在“6・25”重要讲话中强调“要大力建设社会主义核心价值体系，巩固全党全国人民团结奋斗的共同思想基础”。社会主义核心价值体系包括四个方面的基本内容，即马克思主义指导思想、中国特色社会主义共同理想、以爱国主义为核心的民族精神和以改革创新为核心的时代精神、社会主义荣辱观。党的十八大首次提出，要倡导富强、民主、文明、和谐，倡导自由、平等、公正、法治，倡导爱国、敬业、诚信、友善，积极培育和践行社会主义核心价值观。2013 年 12 月，中共中央办公厅印发《关于培育和践行社会主义核心价值观的意见》（以下简称《意见》），明确提出培育和践行社会主义核心价值观的重要意义和指导思想，把培育和践行社会主义核心价值观融入国民教育全过程，落实到经济发展实践和社会治理中，加强社会主义核心价值观的宣传教育，开展涵养社会主义核心价值观的实践活动，强化培育和践行社会主义核心价值观的组织领导等方面的重要内容，是我们党推进社会主义核心价值体系建设的重要举措。2017 年 10 月 18 日，习近平总书记在党的十九大报告中指出，要培育和践行社会主义核心价值观，要以培养担当民族复兴大任的时代新人为着眼点，强化教育引导、实践养成、制度保障，发挥社会主义核心价值观对国民教育、精神文明创建、精神文化产品创作生产传播的引领作用，把社会主义核心价值观融入社会发展各方面，转化为人们的情感认同和行为习惯。

社会主义核心价值体系和社会主义核心价值观，两者之间到底是什么关系?

社会主义核心价值观是在社会主义核心价值体系基础上提出来的，正如《意见》指出，社会主义核心价值观是社会主义核心价值体系的内核，体现着社会主义核心价值体系的根本性质和基本特征，反映着社会主义核心价值体系的丰富内涵和实践要求，是社会主义核心价值体系的高度凝练和集中表达。这四句话，实际上是对核心价值观和核心价值体系两者关系的一个基本定位。

把握好核心价值观与核心价值体系的关系，首先要充分认识到两者的内在一致性。核心价值观与核心价值体系方向一致，都体现了社会主义意识形态的本质要求、社会主义制度在思想和精神层面的质的规定性，凝结着社会主义先进文化的精髓，是中国特色社会主义道路、理论体系和制度的价值表达，实现中华民族伟大复兴的中国梦的价值引领。核心价值观与核心价值体系都坚持重在建设，弘扬共同理想、凝聚精神力量、建设道德风尚，形成全民族奋发向上、团结和睦的精神纽带，使我们的国家、民族、人民在思想和精神上强大起来，更好地坚持中国道路、弘扬中国精神、凝聚中国力量。

把握好核心价值观与核心价值体系的关系，还要认识到两者各有侧重。特别要看到相对于社会主义核心价值体系，社会主义核心价值观有以下几个鲜明特点：一是更加突出了核心要素，是一个系统性、总体性的框架；而社会主义核心价值观强调的“三个倡导”，则更清晰地揭示了这个价值体系的内核，确立了当代中国最基本的价值观念。二是更加注重凝练表达，富强、民主、文明、和谐、自由、平等、公正、法治、爱国、敬业、诚信、友善，明确了国家、社会、公民三个层面的价值目标、取向与准则，是社会主义核心价值体系的凝练表达，符合大众化、通俗化要求，便于阐发、便于传播。三是更加强化实践导向，社会主义核心价值观强调的“三个倡导”指向十分明确，每个层面都对人们有更具体的价值导向，是实实在在的要求，规范性和实践性都很强，便于遵循和践行。培育和践行核心价值观，为推进核心价值体系建设进一步明确了切入点和着力点，有利于把各项任务落到实处。

二、社会主义核心价值观的科学内涵

党的十八大报告强调指出：“倡导富强、民主、文明、和谐，倡导自由、平等、公正、法治，倡导爱国、敬业、诚信、友善，积极培育和践行社会主义核心价值观。”这一论述明确了社会主义核心价值观的基本理念和具体内容，指出了社会主义核心价值体系建设的现实着力点，是对社会主义核心价值体系建设的新部署、新要求。正确理解社会主义核心价值观的内涵，深刻把握培育和践行社会主义核心价值观的重要性，对于推进社会主义核心价值体系建设，用社会主义核心价值体系引领社会思潮、凝聚社会共识，具有重要的理论意义和实践意义。

（一）国家层面："富强、民主、文明、和谐"

"富强、民主、文明、和谐"，是我国社会主义现代化国家的建设目标，也是从价值目标中对社会主义核心价值观基本理念的凝练，在社会主义核心价值观中居于最高层次，对其他层次的价值理念具有统领作用。"富强"是经济价值目标，是社会主义现代化建设的目标之一，是人民群众对美好生活向往的基础。富强即国富民强，是社会主义现代化国家经济建设的应然状态，是中华民族梦寐以求的美好夙愿，也是国家繁荣昌盛、人民幸福安康的物质基础。"民主"是政治价值目标，社会主义民主政治建设主要体现为保证人民依法实行民主选举、民主决策、民主管理、民主监督。"民主"是人类社会的美好诉求，我们追求的民主是人民民主，其实质和核心是人民当家作主。它既是社会主义的生命，也是创造人民美好幸福生活的政治保障。"文明"是文化价值目标，是社会进步的重要标志，也是社会主义现代化国家的重要特征。它是社会主义现代化国家文化建设的应有状态，是面向现代化、面向世界、面向未来的，民族的、科学的、大众的社会主义文化的概括，是实现中华民族伟大复兴的重要支撑。"和谐"是社会价值目标，其实质是在社会主义建设中，实现人与人、人与社会、人与自然和谐共生，各种矛盾处在可控的范围内。"和谐"是中国传统文化的基本理念，集中体现了学有所教、劳有所得、病有所医、老有所养、住有所居的生动局面。它是社会主义现代化国家在社会建设领域的价值诉求，是经济社会和谐稳定、持续健康发展的重要保证。

（二）社会层面："自由、平等、公正、法治"

"自由、平等、公正、法治"，是社会主义核心价值体系诉诸社会管理实践而形成的基本价值导向，充分体现了我们党对人类社会发展规律的认识达到了新高度和新境界，是对美好社会的生动表述，是从社会层面对社会主义核心价值观基本理念的凝练，体现了社会层面的核心价值观要求，它反映了中国特色社会主义的基本属性，是我们党矢志不渝、长期实践的核心价值理念。"自由"是前提，是指人的意志自由、人的存在和发展自由，它既是人类社会的美好向往，也是马克思主义追求的社会价值目标。"平等"是基础，指的是公民在法律面前一律平等，其价值取向是不断实现实质平等。它要求尊重和保障人权，人人依法享有平等参与、平等发展的权利。“公正”是底线，即社会公平和正义，它以人的解放、人的自由平等权利的获得为前提，是国家、社会应然的根本价值理念。“法治”是保障，是治国理政的基本方式，依法治国是社会主义民主政治的基本要求。它通过法制建设来维护和保障公民的根本利益，是实现自由平等、公正的制度保证。

（三）个人层面：“爱国、敬业、诚信、友善”

“爱国、敬业、诚信、友善”，是覆盖了社会道德生活各个领域的公民基本道德规范，是公民必须恪守的基本道德准则，是评价公民道德行为选择的基本价值标准，是从个人层面对社会主义核心价值观基本理念的凝练。“爱国”即热爱祖国，自觉维护祖国的独立、统一、尊严、荣誉和利益，是基于个人对祖国依赖关系的深厚情感，也是调节个人与祖国关系的行为准则，爱国同社会主义密不可分，要求每一位公民关注祖国的前途和命运，以振兴中华为己任，具有强烈的民族自尊心和自豪感，促进民族团结、维护祖国统一、自觉报效祖国。“敬业”即从职业道德方面对公民职业行为的价值评价，要求公民忠于职守，克己奉公，服务人民，服务社会，要求人们干一行，爱一行，精一行，努力提高技能，精益求精，敢闯敢干，开拓创新。敬业充分体现了社会主义职业精神。“诚信”即诚实守信，是社会主义道德建设的重要内容，也是人类社会千百年传承下来的道德传统，自古以来，讲诚实、守信用一直是中华民族的传统美德，更是中华文明的价值取向。诚信要求以信立业，以质取胜，讲信誉，守诺言，没有隐瞒欺诈等行为。诚信强调诚实劳动、信守承诺、诚恳待人，是个人处理与他人、社会、国家的道德准则和行为要求。“友善”是公民在处理个人与他人关系上应遵循的行为准则，要求每一位公民修身律己，尊老爱幼，与人为善，助人为乐。友善强调公民之间应互相尊重、互相关心、互相帮助、和睦友好，努力形成社会主义的新型人际关系，推动形成“我为人人、人人为我”的良好社会氛围。

社会主义核心价值观是社会主义核心价值体系最深层的精神内核，具有强大的感召力、凝聚力和引导力。它是我国发展现阶段道德的“最大公约数”，核心价值观其实就是一种德，既是个人的德，又是大德，是国家的德、社会的德；它是建设和谐社会的“压舱石”“定盘星”。核心价值观承载着一个民族、一个国家的精神追求，体现着一个社会评判是非曲直的价值标准。它是中华民族精神命脉的传承：要大力弘扬以爱国主义为核心的民族精神和以改革创新为核心的时代精神，使中华优秀传统文化成为涵养社会主义核心价值观的重要源泉；它是全社会成员以上率下的践行：榜样的力量是无穷的，广大党员、干部必须带头学习和弘扬社会主义核心价值观，用自己的模范行为和高尚人格感召群众、带动群众。人类社会发展的历史表明，对一个民族、一个国家来说，最持久、最深层的力量是全社会共同认可的核心价值观。在实现中国梦的征程上，社会主义核心价值观起着不可估量的作用。社会主义核心价值观为协调推进我国“四个全面”战略布局提供道德基础和精神动力，让全国人民同心同德、凝心聚力，为实现中国梦而共同奋斗。

第二节　高职院校学生思想政治教育

一、我国思想政治教育与高等职业教育的发展历史

思想政治教育是中国精神文明建设的首要内容，是社会或社会群体用一定的思想观念、政治观点、道德规范，对其成员施加有目的、有计划、有组织的影响，使他们具备符合社会要求的思想品德的社会实践活动。

中华人民共和国成立以来，我们党和国家高度重视思想政治教育，尤其重视学校思想政治教育工作。1952 年，中共中央出台《关于培养高等、中等学校马克思列宁主义理论师资的指示》，强调各级党委必须重视马克思列宁主义理论师资建设，加强对该项工作的领导；1957 年，毛泽东强调各个部门都要对思想政治工作负起责任；1985 年，中共中央出台《关于改革学校思想品德和政治理论课程教学的通知》，提出要加强学校思想品德和政治理论课程教学的改革；1994 年，中共中央出台了《关于进一步加强和改进学校德育工作的若干意见》；2004 年，中共中央、国务院出台了《关于进一步加强和改进大学生思想政治教育的意见》；2018 年，中共中央办公厅、国务院办公厅印发了《关于深化新时代学校思想政治理论课改革创新的若干意见》等，不断推动我国高校思想政治教育加强和改进，全面贯彻党的教育方针，解决好培养什么人、怎样培养人、为谁培养人这个根本问题，坚持不懈用习近平新时代中国特色社会主义思想铸魂育人，进一步落实高校立德树人根本任务。

我国高等职业教育萌芽出现于 20 世纪初。早在清末（1902—1904 年）的“壬寅-癸卯学制”中，就规定了“高等实业学堂”和“高等师范学堂”这两种高等学堂为中国近现代意义上最早的高职院校。1912—1913 年的“壬子癸丑学制”和 1922 年的“壬戌学制”的专门学校和高等师范学校，是中国近现代高职院校的进一步发展。1949 年，中华人民共和国成立后，中国的高等师范院校继续走高等职业教育之路。1980 年，我国第一所除师范院校之外的高

职院校——天津职业大学创办。1985年，《中共中央关于教育体制改革的决定》中明确提出："积极发展高等职业技术院校……逐步建立起一个从初级到高级、行业配套、结构合理又能与普通教育相沟通的职业技术教育体系。"随后，全国先后建立起120余所职业大学，以创办高职教育。1991年，《国务院关于大力发展职业技术教育的决定》对职业技术教育的性质、地位、作用以及方向、任务、措施等都作了明确规定，再次重申建立初等、中等、高等职业教育体系问题，再一次提出积极发展高等职业技术教育的任务。1993年，全国教育工作会议召开，会议明确指出我国教育今后发展的两个重点：一是基础教育（重中之重），二是职业技术教育。随后国务院颁布了《教育改革和发展纲要》，更加明确指出职业教育是现代教育的重要组成部分，是工业化和生产社会化、现代化的重要支柱，提出有计划地实行小学后、初中后、高中后三级分流，大力发展职业教育，逐步形成初等、中等、高等职业教育和普通教育共同发展、相互衔接、比例合理的教育系列，积极发展多样化的高中后职业教育和培训。通过改革现有高等专科学校、职业大学和成人高校以及举办灵活多样的高等职业班等途径，积极发展高等职业教育。1996年，召开了全国职教工作会议，会议提出，通过三级分流大力发展职业教育，通过"三改一补"（高等专科学校、职业大学、成人高校改革；中等专业学校办高职班作为补充）大力发展高等职业教育；同年，全国人大通过并颁布了《中华人民共和国职业教育法》，其第13条指出职业学校教育分为初等、中等、高等职业学校教育，颁布使职业教育走向了依法治教的道路。1998年，全国人大通过并颁布了《中华人民共和国高等教育法》，在《高等教育法》中明确地把高等职业学校作为高等教育的一部分确定了下来。1999年6月，全国教育工作会召开，国务院颁布了《加快教育改革全面推进素质教育的决定》，指出高等职业教育是高等教育的重要组成部分，要大力发展高等职业教育，培养一大批具有一定理论知识和较强实践能力的技术应用型人才。2006年11月16日，教育部颁布文件《教育部关于全面提高高等职业教育教学质量的若干意见》（教高〔2006〕16号）明确指出，高等职业教育作为高等教育发展中的一个类型，肩负着培养面向生产、建设、服务和管理第一线需要的高技能人才的使命，在我国加快推进社会主义现代化建设进程中具有不可替代的作用。党的十八大以来，以习近平同志为核心的党中央高度重视职业教育尤其是高等职业教育的发展，职业教育改革发展取得重大进展。习近平总书记在党的十九大报告中指出，"坚定实施科教兴国战略、人才强国战略""完善职业教育和培训体系，深化产教融合、校企合作"。这些重要论述，深刻阐明了现代职业教育体系建设的方向和路径。

2019年，国务院出台了《国家职业教育改革实施方案》，明确提出职业教育和普通教育是不同类型、同等重要的两类教育，强调了职业教育在经济社会发展中的重要作用，提出“没有职业教育现代化就没有教育现代化”，并通过具体的建设措施为职业院校指明发展路径，为进入新时代职业院校办好教育提供了根本遵循。

二、高职院校学生思想政治教育的重要意义

高职院校在我国经济社会发展中有着举足轻重的作用。习近平总书记在党的十九大报告中指出，“青年兴则国家兴，青年强则国家强”，“青年一代有理想、有本领、有担当，国家就有前途，民族就有希望”。因此，高职院校更要解决好培养什么人、怎样培养人、为谁培养人这个根本问题，这当中至关重要的是抓好学生思想政治教育。高职院校加强和改进学生思想政治教育，提高学生思想政治素质，把学生培养成中国特色社会主义事业的建设者和接班人，对于全面实施科教兴国和人才强国战略，确保我国在激烈的国际竞争中始终立于不败之地，确保实现全面建设小康社会、加快推进社会主义现代化的宏伟目标，确保中国特色社会主义事业兴旺发达、后继有人，具有重大而深远的战略意义。作为人才培养的重要环节，高职院校学生思想政治教育要立足生活实际，践行实践育人的原则，坚持“为人民服务、为中国共产党治国理政服务、为巩固和发展中国特色社会主义制度服务、为改革开放和社会主义现代化建设服务”的发展方向，坚持围绕学生、关照学生、服务学生，让学生成为德才兼备、全面发展的人才，保证高职院校始终成为培养社会主义事业合格建设者和可靠接班人的坚强阵地，为实现中华民族伟大复兴的中国梦培养一批又一批德才兼备的高素质技术技能人才。

三、高职院校学生思想政治教育的重要内容

（一）开展理想信念教育

高职院校的根本任务是立德树人，深入进行正确的世界观、人生观和价值观教育，对提高学生思想政治觉悟至关重要。高职学生是年轻活力的一代，是新党员的主要来源之一。高校思想政治工作，就是要坚持不懈地运用马克思列宁主义、毛泽东思想、邓小平理论和“三个代表”重要思想、科学发展观、习近平新时代中国特色社会主义思想武装高职学生，深入开展党的基本理论、基本路线、基本纲领和基本经验教育，中国革命、建设和改革开放的历史教育，基本国情和形势政策教育，科学发展观教育。使高职大学生正确认识社会

发展规律、国家的前途命运、自己的社会责任，增强对党的认同感、归属感，实现中华民族伟大复兴的共同理想。培养和发现爱党、言党、为党的积极分子，使他们中的先进分子树立共产主义的远大理想，坚定马克思主义的信念，为党输送健康的新鲜血液。

（二）开展爱国主义教育

高职院校学生思想政治教育要以爱国主义教育为重点，深入进行弘扬和培育民族精神教育。一方面，中华人民共和国成立 70 多年来以及我国改革开放 40 多年来，取得了举世瞩目的伟大成就，高职院校对学生的思想政治教育首先要把民族精神教育与以改革创新为核心的时代精神教育结合起来，引导高职大学生在中国特色社会主义事业的伟大实践中，在时代和社会的发展进步中汲取营养，培养爱国情怀、改革精神和创新能力，始终保持艰苦奋斗的作风和昂扬向上的精神状态。另一方面，我国优秀传统文化和中国革命文化中也蕴含了宝贵的精神财富，高职院校对学生的思想政治教育中还要深入开展中华民族优良传统和中国革命传统教育，开展各民族平等团结教育，培养团结统一、爱好和平、勤劳勇敢、自强不息的精神，树立民族自尊心、自信心和自豪感。

（三）开展社会主义核心价值观教育

社会主义核心价值观教育关乎中国特色社会主义高职院校的性质、办学方向与办学目标。坚持弘扬和践行社会主义核心价值观，是高等职业教育坚持中国特色社会主义共同理想和共产主义崇高理想，体现国家教育意志、教育理念和教育方针的根本要求。高职院校是培育和践行社会主义核心价值观的重要阵地和重要平台，当代高职大学生更肩负着民族复兴的历史重任。加强社会主义核心价值观的培育与引导，是高职院校思想政治教育的题中之义。随着时代的发展，尤其是互联网传播影响，各种各样的社会思潮不断涌现。以科学的、积极的、健康的价值观引导高职大学生的发展，既是高职大学生自身健康成长的需求，也是为社会培育拥有健康价值观的建设者的需要。高职院校要加强大学生社会主义核心价值观教育，引导学生掌握和运用马克思主义立场观点方法，正确认识世界和中国发展大势、中国特色和国际比较、时代责任和历史使命、远大抱负和脚踏实地，不断增强广大学生的道路自信、理论自信、制度自信、文化自信，强化教育引导、实践养成、制度保障，全面提高学生的思想政治素质。

（四）开展公民道德教育

认真贯彻《新时代公民道德建设实施纲要》，以基本道德规范为基础，传承中华传统美德，深入开展公民道德教育。以社会公德、职业道德、家庭美德、个人品德建设为着力点，教育引导并推动践行以文明礼貌、助人为乐、爱护公物、保护环境、遵纪守法为主要内容的社会公德，鼓励高职学生在社会上做一个好公民；教育引导并推动践行以爱岗敬业、诚实守信、办事公道、热情服务、奉献社会为主要内容的职业道德，鼓励高职学生在今后的工作中做一个好建设者；教育引导并推动践行以尊老爱幼、男女平等、夫妻和睦、勤俭持家、邻里互助为主要内容的家庭美德，鼓励高职学生在家庭里做一个好成员；教育引导并推动践行以爱国奉献、明礼遵规、勤劳善良、宽厚正直、自强自律为主要内容的个人品德，鼓励高职学生在日常生活中养成好品行。通过开展公民道德教育，不断提升高职学生道德素质，培养和造就担当民族复兴大任的时代新人。

（五）开展素质教育

高职院校思想政治教育要以学生全面发展为目标，构建德智体美劳全面发展“五育”并举的教育体系，强化德育、体育、美育和劳动教育的育人功能，深入开展素质教育。不断加强民主法制教育，坚持德法兼治，以道德滋养法治精神，增强遵纪守法观念，全面贯彻实施宪法；不断加强人文素质和科学精神教育，加强集体主义和团结合作精神教育，促进大学生思想道德素质、科学文化素质和健康素质协调发展；不断加强心理健康教育，根据高职大学生的身心发展特点和教育规律，注重培养高职大学生良好的心理品质和自尊、自爱、自律、自强的优良品格，增强大学生克服困难、经受考验、承受挫折的能力，促进学生全面发展，引导高职大学生勤于学习、善于创造、甘于奉献，成为有理想、有道德、有文化、有纪律的社会主义新人。

第三节　加强高职院校社会主义核心价值观教育

一、当前高职院校培育和践行社会主义核心价值观存在的主要问题

（一）社会主义核心价值观宣传力度和普及度不够

从广大群众、学生、企业一线职工、农民等层面上看，我们的宣传教育工作的覆盖面不够宽。有的高职院校宣传部门对社会主义核心价值观的宣传工作发力不深，重视不够，活动形式简单枯燥，没有发挥网络传播的优势，传播途径较窄，传播范围仅限本校部分师生，因此宣传的效果不佳。

（二）教育形式单一，缺乏创新性

主要是通过原文张贴、知识答卷、简单说教的形式开展教育。没有将社会主义核心价值观与人们日常生活紧密联系起来，没有真正内化于心，外化于行。

（三）引导疏导不够，舆情监管不到位

在当前复杂的环境下，对于在社会、学校中发生的一些热门事件和话题，学校宣传没有发挥教育疏导作用，没有纠正错误的言论和意见，令其肆意传播，这对弘扬社会主义核心价值观也是极为不利的。微信朋友圈、微博、抖音等现代通信技术广泛在师生中应用，高职院校没有专门的部门对这些信息渠道进行及时监管，造成很多不良信息和言论在师生中散播，而且传播范围较广，进而对学校、企业、社会造成不良影响。

（四）道德滑坡，价值观扭曲

随着经济社会的迅速发展，西方所谓的“自由、平等、民主”的价值观和“拜金主义”思想在一定程度上歪曲了人们的认识，使得部分师生只重视物质享受，不重视精神生活；只想个人利益，忽略集体利益，社会主义主流价值观受到严重冲击。近些年来，道德教育缺失，加之一些社会不良风气盛行，人们如果不重视自身道德修养的提高，就极易受到非主流价值观的影响，这也是社会主义的核心价值观受到冲击的原因之一。

二、高职院校培育和践行社会主义核心价值观的建议

高等职业院校同样也是践行社会主义核心价值观的主要阵地，我们必须利

用好这个教育平台进行社会价值观教育，在实际工作中，高职院校主要应做好以下几方面工作。

（一）加大宣传文化阵地建设

在“互联网+”的时代，党的宣传部门要注重引导，充分发挥网络作用宣传“正能量”。要依托高职院校的主流媒体网站，深入持久地宣传社会主义核心价值观的主要内容和丰富内涵。要注重文化熏陶，倡导社会主义先进文化，详细阐述优秀传统文化与核心价值观的内在联系，不断增强师生对社会主义核心价值观的认知度和认同感。

（二）加强传播媒介管理

校园社团网站、QQ群、微博、微信朋友圈等平台，要设置专门部门管控，加强引导教育，加大监管力度和打击力度，不为错误观点提供传播渠道；建立登记造册制度、防控预警机制，为全校师生建立起健康有序的宣传舆论环境。

（三）进一步落实“三进”工作

目前高职院校思想政治理论教学工作都要求落实“三进”（进教材、进课堂、进头脑）工作，作为任课教师必须要根据当前形势的变化，增加社会主义核心价值观的内容，及时调整教学计划和教学内容，不断改进教学方法，采用课上课下相结合，书本知识和社会实践相结合的方式，让学生积极参与义务奉献活动、志愿者服务等，引导学生自觉将个人理想与祖国发展紧密联系起来。要鼓励高职学生依据自身个性发展，尊重学生人格，帮助学生树立自信以及积极向上的个人理想，要让学生通过自己的亲身经历来加深对社会主义核心价值观的认识和理解。

（四）加强校园文化建设，营造和谐环境

高职院校要把社会主义核心价值观宣传渗透到日常教育教学工作中，通过知识讲堂、集中学习研讨、传统节日教育、红色基地参观、革命历史教育等形式，广泛开展群众喜闻乐见、形式多样、影响较大的活动，以此达到潜移默化的教育效果。高职院校要让广大师生有机会参与学校章程的制定、修改和实施，不断拓宽渠道让广大师生在酝酿讨论中明是非、懂礼仪，纠正自身的价值取向从而内化为自身的行为准则。高职院校还要主动与家庭、企业和社会组织建立更加紧密的协作关系，建立学校、家庭、企业的协同育人机制，利用社会实践、参军服役、扶贫支教、挂职锻炼等实践育人平台，不断提高学生的爱国主义情怀和职业道德素质。此外，高职院校还要发扬“工匠”精神，建立良好

的校风、教风、学风。

（五）加强干部队伍建设

培育和践行社会主义核心价值观，离不开好的干部队伍。党员干部首先要做到加强自身学习，要主动学好、领会好社会主义核心价值观的精神内涵，做到真懂、真知。只有这样才能做好各项工作，才能为群众宣传好社会主义核心价值观，才能让广大干部群众接受、认可。此外广大党员干部还要身体力行，首先在思想上做到坚信不疑，其次要在行动上当好表率，从一言一行中去阐释社会主义核心价值观，从而去影响和带动群众。

第二章　在课程育人中加强社会主义核心价值观培育

第一节　社会主义核心价值观在课程育人中的定位和目标

一、社会主义核心价值观在课程育人中的定位

（一）课程育人对培育和践行社会主义核心价值观的作用

2013 年 12 月，中共中央办公厅印发的《关于培育和践行社会主义核心价值观的意见》（以下简称《意见》）中指出："培育和践行社会主义核心价值观，要把它融入国民教育，让每个人都了解、认同社会主义核心价值观，从而自觉自愿践行。"2014 年 2 月，在十八届中央政治局第十三次集体学习时习近平总书记指出，要通过教育引导、舆论宣传、文化熏陶、实践养成、制度保障等，使社会主义核心价值观内化为人们的精神追求，外化为人们的自觉行动。社会主义核心价值观的培育路径是多方面的，习近平总书记将教育引导置于社会主义核心价值观培育路径的首位，足见其重要性。

教育引导首先体现在学校的课程教学中。我国高职院校的课程设置按性质划分，分为公共课程和专业课程。对社会主义核心价值观的认同和践行需要通过教育教学，将社会主义核心价值观贯穿到公共课程和专业课程当中。尤其是公共课程中的思想政治理论课，它的性质、任务和内容决定了其在社会主义核心价值观培育中的主渠道、主阵地的地位。

（二）社会主义核心价值观在课程育人中的定位

"核心价值观承载着一个民族、一个国家的精神追求，体现着一个社会评判是非曲直的标准。"党的十八大报告中提出的"富强、民主、文明、和谐、自由、平等、公正、法治、爱国、敬业、诚信、友善"这 24 个字的社会主义核心价值观，是对社会主义核心价值体系的高度概括和凝练，是兼顾了国家、社会、个人三个层面的价值追求，是现阶段我国人民核心价值观的"最大公约

数”。党的十九大报告强调：“社会主义核心价值观是当代中国精神的集中体现，凝结着全体人民共同的价值追求。……发挥社会主义核心价值观对国民教育、精神文明创建、精神文化产品创作生产传播的引领作用，把社会主义核心价值观融入社会发展各方面，转化为人们的情感认同和行为习惯。”

由此可见，要将社会主义核心价值观融入教育教学全过程，发挥社会主义核心价值观在教学过程中的引领作用，完善课程体系，充分发挥课程育人功能，使青年学生理解、认同、践行社会主义核心价值观，从而实现培养德智体美劳全面发展的社会主义建设者和接班人的目标。

（三）社会主义核心价值观引领课程育人，完善课程体系建设

社会主义核心价值观引领课程育人，就是把社会主义所倡导的价值理念与教学内容相融合，让学生在课程学习中实现对社会主义核心价值观的认知、认同，并自觉转化为行动，做到知行合一。这就要求现阶段的课程体系根据时代的发展和政治要求，不断更新和完善，实现《意见》中的“推动社会主义核心价值观进教材、进课堂、进学生头脑”的目标。思想政治理论课系列教材已经完成了修订。当然，课程体系除了教材，还涉及教学标准、教育目标、教育手段与方法、教师素质等多方面；除了思想政治理论课，专业课中的核心价值观教育也不可或缺。因此，用社会主义核心价值观引领课程育人，必将推动思政课乃至专业课的课程体系改革和完善。

（四）社会主义核心价值观引领课程育人，促进学生成长成才

随着世界经济全球化和信息化，社会思潮变得复杂多样，交流交锋也日益频繁，学生的价值观也表现出多元化、不稳定的倾向。另外，青年学生正处于价值观形成的关键阶段，极易受到享乐主义、个人主义、拜金主义等不良思想的影响。面对复杂的价值观冲击，用社会主义核心价值观武装学生头脑，引导学生抵御不良思潮的冲击就显得尤为重要。用社会主义核心价值观引领课程育人，能使学生在课程学习中明辨是非，自觉抵御腐朽思想和敌对势力，认清自己所担负的历史责任和使命，坚定社会主义道路和社会主义理想信念，健康成长。

二、社会主义核心价值观在课程育人中的目标

2013 年 12 月，中共中央办公厅在印发的《关于培育和践行社会主义核心价值观的意见》（以下简称《意见》）中指出：培育和践行社会主义核心价值观，是推进中国特色社会主义伟大事业、实现中华民族伟大复兴中国梦的战略

任务；要把培育和践行社会主义核心价值观融入国民教育全过程；要适应青少年身心特点和成长规律，深化未成年人思想道德建设和大学生思想政治教育，构建有效衔接的德育课程体系和教材体系，创新高校思想政治理论课教育教学，推动社会主义核心价值观进教材、进课堂、进学生头脑。

由此可见，课程育人承载着让社会主义核心价值观“进教材，进课堂，进头脑”的重要职责。课堂教育是载体，推动社会主义核心价值观进教材、进课堂是手段，让学生认同社会主义核心价值观，并内化为自主思想、外化为自觉行为则是最终目标。

第二节　思想政治理论课中全面培育社会主义核心价值观

思想政治理论课是对学生进行社会主义核心价值观培育的主渠道、主阵地。在思想政治理论课的课堂教学中，要将社会主义核心价值观贯穿教学的全过程，必须将其内容有机融入教学讲解，做到让学生领会、认同、践行。

思想政治理论课是由多门课程构成的课程体系。在高职院校，思政课主要教授《思想道德修养与法律基础》《毛泽东思想和中国特色社会主义理论体系概论》以及《形势与政策》课程。思想政治理论课程教材于2015年进行了版本修订。修订的背景不仅是因为我国社会经济取得的新发展对人才培养提出了一系列新要求，也是因为党的十八大以来，党和国家在治国理政的各方面提出了一系列的新论断、新要求、新部署。这些新的论断、要求和部署，需要以不同的形式反映到思想政治理论课的教材和教学之中。新版本的教材将社会主义核心价值观作为教材的总线索贯穿全篇。因此思想政治理论课教学也要紧跟时代步伐，更新课程标准、教学计划，整合教学内容，做好教学组织，创新教学方式方法，提升任课教师能力素养。本节主要讲述思想政治理论课作为主渠道如何培育社会主义核心价值观。

一、教学内容的设计与更新

思想政治理论课程要根据每门课程的不同特点，在教学内容上各有侧重，从不同维度对社会主义核心价值观进行解读。根据高职院校授课的科目，这里主要讨论《思想道德修养与法律基础》《毛泽东思想和中国特色社会主义理论体系概论》及《形势与政策》三门课程。

《思想道德修养与法律基础》（以下简称《思修》）是思想政治理论课程的核心课程，主要在大一上学期开设，是后续思政课的基础。《思修》课以思想、道德、法律三个模块，依据大学生成长的基本规律，教育和引导学生认识自我、认识社会，培养大学生良好的思想政治素质、道德品质和法律意识。

“培育和践行社会主义核心价值观”不仅在新版本《思修》课本中有专门章节讲述，也是贯穿本门课程教育全过程的主线。因此，在各章节的讲授中都要体现社会主义核心价值观的基本要求，并落实到对社会主义核心价值观的践行上。如在第一章的理想信念教育中，将社会主义核心价值观中国家层面和社会层面的价值目标结合起来；社会主义核心价值观中“爱国”则在第二章体现；在法律相关部分的章节中，不仅可以从“法治”展开，而且包含了“民主、自由、平等、公正”等内涵；在道德相关部分的章节中，展现社会主义核心价值观个人层面的价值要求，引导学生积极践行。帮助学生加快对大学生活的适应，让学生树立远大的理想和坚定的信念，使学生形成正确的世界观、人生观、价值观、道德观、法制观，把他们培养成为“有理想、有文化、有道德、有纪律”的中国特色社会主义事业的建设者和接班人。

《毛泽东思想和中国特色社会主义理论体系概论》（以下简称《毛概》）主要是对学生进行马克思主义、毛泽东思想、中国特色社会主义理论的教育，揭示了马克思主义中国化的理论成果，阐述了中国共产党带领全国人民进行中国特色社会主义道路的探索过程。对马克思理论中国化和党的基本理论、基本路线和基本纲领的讲授，有利于学生全面了解中国国情，坚定社会主义信念，强化对中国特色社会主义的道路自信、理论自信、制度自信、文化自信，坚定实现中华民族伟大复兴的目标。社会主义核心价值观与中国化的马克思主义也是一脉相承的，在内容设计上可结合社会主义核心价值观中有关“富强、民主、文明、和谐”的中国社会主义现代化奋斗目标，培养学生爱国情怀和社会主义建设热情，帮助学生坚定科学社会主义信仰、树立中国特色社会主义的共同理想。同时，在中国化马克思主义和社会主义核心价值观的指导下，让学生自觉用这些政治理论去认识、分析和解决实际发生的问题。

《形势与政策》则着眼于当今的国际国内形势和最新政策，启发学生对时事热点的关注，增强学生的政治敏锐性，引发他们对国内外各个重要事件的思考，并用所学的政治理论知识解决实际问题。在形势政策课的教学过程中，要充分结合当下发生的时事热点，挖掘案例中所蕴含的社会主义核心价值观内容，并引导学生践行社会主义核心价值观。

二、教学方式方法的创新改革

社会主义核心价值观是一种价值理念，本身具有一定的抽象性。思想政治理论课传统的教学方法是以课堂讲授为主，如果仅仅用灌输式的方法，甚至照本宣科，那么学生不仅不能很好地理解抽象的理论，更可能失去学习兴趣，甚至产生抵触情绪。因此，对于社会主义核心价值观的教学要注意加强教学方式方法的改革创新，并综合利用各种方式使教学内容变得简单易懂、具体化。

首先，教学一定要结合大学生的特点，贴近学生的现实生活，关注学生兴趣点，采用真实的案例，综合运用案例分析、专题研讨、演讲辩论等教学形式，将中国传统文化、节日风俗与教学活动相结合，探讨中华传统文化、美德与社会主义核心价值观之间的内在联系，将教学对象具象化，用学生喜闻乐见的方式表达出来，使学生乐于接受社会主义核心价值观。

其次，思想政治理论课要紧跟时代步伐，将现代化教学手段运用到课堂中来，开展“互联网+”的思政课教学模式改革。当代学生习惯于通过网络获取讯息，因此思政课教学要积极运用网络平台进行教学，如综合利用微博、微信、QQ等网络工具延伸思政课堂，整合慕课、翻转课堂、微平台等线上教学资源，推进思政网络课程建设。此类方式，不仅可以强化学生对于社会主义核心价值观内容的吸收，而且能激发学生学习的自觉性、主体性，增强师生互动。

最后，要将理论教学与实践活动紧密结合。思政课教学计划要落实实践教学环节，如组织学生开展社会调查、义务劳动、志愿服务等“三下乡”或青年志愿者活动，活动后及时开展实践感悟和讨论。或走进博物馆、烈士陵园、红色景区等有教育意义的场所，利用现场教学教育社会主义核心价值观。学生通过真实场景和亲身体验，深化对社会主义核心价值观的理解和认同，坚定实现中华民族伟大复兴的理想信念，积极践行社会主义核心价值观。

三、教师能力素养的提升

《意见》指出：“建设师德高尚、业务精湛的高素质教师队伍。……引导广大教师自觉增强教书育人的荣誉感和责任感，学为人师、行为世范，做学生健康成长的指导者和引路人。”思想政治课教学能否取得成效，社会主义核心价值观能否通过课堂进行有效传播，任课教师是关键。要提升思政教师的能力和素养，就需要教师多参加社会主义核心价值观相关培训、思政专项调研、党课学习或提升学历等，提高自身理论素质。同时，要不断研究学生特点、加强教学研究，关注现实问题，积极思考如何用形象生动的方式将社会主义核心价值观讲述出来。

作为社会主义核心价值观的传播者，思政教师要做到真懂、真信、真用社会主义核心价值观。首先，要深刻领悟社会主义核心价值观的内涵、提出背景、历史渊源、现实依据，领会培育和践行社会主义核心价值观的必要性和重要性。其次，要坚定社会主义核心价值观立场，严格区分社会主义核心价值观与资本主义价值体系的区别，不鼓吹西方人权论、普世价值。再次，作为传道授业的思政课教师，要做践行社会主义核心价值观的表率，增强教书育人的责任感，以身立德、以身正教，用自己的行为诠释社会主义核心价值观，才能使学生信服进而力行。

第三节　社会主义核心价值观融入高职专业课教育

通过课程育人的途径培育和践行社会主义核心价值观，不只局限于思想政治理论课程，还应把社会主义核心价值观培育拓展到专业课教育中。

专业课是高职院校学生学习专业技术的主要渠道，所占课时和学分远远大于其他课程，对于教学方式，根据专业的不同，区别于一般课程。一方面，在高职院校专业课教育中恰如其分地融入社会主义核心价值观的相关内容，避免学生通过单一思政课程渠道被灌输知识，让学生在专业学习中理解社会主义核心价值观，提升自身理论素质和道德修养。另一方面，学习理论，学生能以正确观念指导实践，促进专业课程的学习。故对专业学习和社会主义核心价值观培育都能起到事半功倍的效果。

首先，要将社会主义核心价值观有机融入专业课内容。专业课教师要在教学过程中，挖掘专业课的教育潜力，可从专业的发展历程、对社会的作用、领军人物事迹、所涉及的伦理等角度对所授课程进行讲解，在不影响专业课教学任务的前提下，找准最佳切入点，结合各学科实际情况，将社会主义核心价值观内容渗透到学生专业学习的过程中，培养学生的爱国情怀、敬业精神、诚信品质和友善品格。

其次，在专业课程的实践、实习环节推进社会主义核心价值观的培育。高职教育主要在于学生技术技能的培养，在高职院校的专业课教育中，尤其是理工科专业，皆设置了相应的实践、实习环节。通过实践能够避免单纯枯燥的说教，激发学生对社会主义核心价值观的兴趣和思考，更能够在实践课程中下践行社会主义核心价值观。专业课教师要充分利用职业教育优势，将课堂教学与实际应用有机结合，让学生在实践过程中提升责任感、团队意识、敬业精神，形成良好的职业素养。

再次，完善专业课教师进行思政教育的相关机制。为提高专业教师对学生进行社会主义核心价值观教育的积极性和专业性，高职院校应重视专业课教师的思政教育相关机制建设。一方面，积极提升教师师风师德和业务水平。教师的言传身教，如爱岗敬业、对待学术不掺假、关心爱护学生等其实就是鲜活的社会主义核心价值观教育，而教师一言一行甚至会影响学生终生。另一方面，加强专业课教师的思政培训，强化专业课教师自身对学生进行社会主义核心价值观培育重要性的认识。提高专业课教师思想政治理论素养、改进社会主义核心价值观教学能力，使专业课教师自觉加入社会主义核心价值观培育大军，把社会主义核心价值观教育视为分内之事，找准专业课中与社会主义核心价值观教育的结合点和教育方法，实现专业课中培育社会主义核心价值观。

第四节　社会主义核心价值观融入高职主题班会教育

社会主义核心价值观是社会主义核心价值体系的内核，体现社会主义核心价值体系的根本性质和基本特征，具有丰富的内涵和实践要求。它包括富强、民主、文明、和谐、自由、平等、公正、法治、爱国、敬业、诚信、友善，包括国家层面、社会层面和公民层面三个层面具体的价值要求。社会主义核心价值观是统摄中华民族精神世界的国家之魂、社会之魂、公民之魂。习近平总书记在党的十九大报告中提出，要以培养担当民族复兴大任的时代新人为着眼点，积极培育和践行社会主义核心价值观，并对培育的根本任务、出发点和落脚点提出更加明确的要求。高职院校作为高技术技能人才培养的主要阵地，更要以培养担当民族复兴大任的时代新人为着眼点，将核心价值观融入覆盖到人才培养的各个环节，特别是在融入、贯穿大学生的日常教育管理上下足功夫。

一、将社会主义核心价值观融入高职院校主题班会的重要意义

（一）顺应民族精神和时代精神的呼唤

要让社会主义核心价值观真正发挥作用，必须将其融入社会实践，与人们的日常生活紧密联系起来，让人们在实践中感知它、领悟它。我国的高职院校，承担着为中国特色社会主义事业、为祖国社会经济发展培养高技术技能人才的重大任务。将社会主义核心价值观作为教育内容融入最常见的主题班会，

使之与学生的日常生活紧密联系起来，是丰富和发展大学生精神世界的需要，是新时代对高职院校精神文明建设提出的新要求，是将立德树人落细、落小、落实的“真功夫”。这既是现实的需要，又是发展大势的需要，主动顺应了民族精神和时代精神的呼唤，更成为新时代的文化最强音。

（二）对接培养担当民族复兴大任时代新人的标准和要求

在党的十九大报告中，习近平总书记指出：“要以培养担当民族复兴大任的时代新人为着眼点，强化教育引导、实践养成、制度保障。”担当民族复兴大任的时代新人，应当在富强、民主、文明、和谐的积极倡导方面有新的风貌；应当在自由、平等、公正、法治的积极倡导方面有新的姿态；应当在爱国、敬业、诚信、友善的积极倡导方面有新的作为。将社会主义核心价值观融入高职院校主题班会，就是要以高职院校主题班会为载体，把我们党“培养什么样的人”和“培育什么样的价值观”更加紧密地结合起来，在人才培养中进一步深化和拓展大学生社会主义核心价值观的培育。

（三）引领当代大学生的价值选择和价值实践

回望我们党和国家的发展历史，最大气磅礴的书写，源于精神；最振奋伟大的变化，始自内心。发展的脚步让中国跻身世界大国行列，中国人民屹立于世界民族之林，改革的列车带领中国驶入转型的轨道，但物质的富裕和思想的迷茫共存，这一切都深刻影响了中国当代青年大学生。习近平总书记曾反复强调，青年的价值取向决定了我们国家和整个社会的价值取向，他还用扣扣子来生动形象地比喻青年价值观的养成。在高职院校主题班会中大力倡导社会主义核心价值观，就是要用正确的、先进的、科学的价值理念引导学生勤学、修德、明辨、笃实，引领学生作出正确的价值选择，让大学生成为中国特色社会主义的坚定信仰者和拥护者，成为中国特色社会主义文化的主动传播者和践行者。

二、当前高职院校主题班会存在的问题

（一）班会工作被动随意，缺乏统筹和引领

高职院校辅导员都清楚班会工作的重要性，但往往不知道如何确定主题策划组织，部分新辅导员更是无从下手。有的辅导员在年初班级工作计划中撰写的班会工作的相关内容，可能也仅仅流于应付检查。在具体工作中，由于缺乏统一的规划和引领，辅导员们大部分按照往年的惯例召开班会，或在接到学校通知后才临时准备召开班会，这样的班会教育效果往往不尽如人意。

（二）班会教育目标模糊，缺乏方向和针对性

在高职院校的学生班会中，经常出现“主题明确目标模糊”的现象。明明在班会策划或PPT上很清晰地写道：本次班会主题是……但在班会召开过程中，或是估计不足，或是形式感太强，或是作秀成分过重，从而导致班会教育目标出现模糊的情况比比皆是。这样的班会虽然有明确的主题，但是目标指向出现偏离，缺乏教育目标的方向感和针对性。

（三）师生角色分不清主次，缺乏引导和实效性

迈进新时代，随着互联网的发展和社会开放程度的日益提高，新时代大学生的自我意识也日益凸显，“自我教育、自我管理、自我服务、自我监督”的理念逐渐被高职院校和相关教育者所接受并应用到教育实践中去。因此，在一些高职院校班会上，我们只看到学生在主持、讨论、发言、表演、做总结，辅导员或老师在现场就像是隔着一面玻璃墙的观众，不参与、不点评，更有甚者事前连班会方案都没有仔细审定过。这种没有任何引导和把控的班会往往开着开着就容易跑偏。反之，有些班会上辅导员一人唱“独角戏”，一味地给学生灌输讲解，没有充分发挥学生的主动性，辅导员也会感觉很累，班会效果不好。

（四）班会形式枯燥单一，缺乏改革和创新性

部分高职院校主题班会过于注重形式，先做什么，再做什么，最后做什么，千篇一律、机械化的流程往往会让大学生感觉呆板单调；还有班会重表演，把班会当成了秀场、晚会场，各种与主题相关的节目层出不穷，娱乐化成分严重，这样的班会不仅起不到让学生自我教育的作用，而且次数多了还容易让承办班会的学生负担加重，让其他学生感到厌烦。

三、社会主义核心价值观融入高职院校主题班会的路径实践

（一）加强顶层设计，构建社会主义核心价值观主题班会课程化体系

高职院校要遵循青年大学生的成长规律，明确大学生在校期间各个阶段的发展目标，结合不同专业的实际，从顶层设计的高度，将社会主义核心价值观24个字划定的价值航标指向到12个单元，每个单元再细分为若干个班会主题，按照课程化标准进行班会的系统设计，使社会主义核心价值观班会系列化、规范化，通过班会教育对高职学生进行正确的价值引导，让高职院校学生作出正确的价值选择。

以某高职院校高端技术技能型本科的汽车服务工程专业为例，该专业培养德智体美全面发展的，能主动适应汽车行业企业发展和汽车技术升级创新需要的，具有优良的职业道德和一定社会担当的高素质技术技能型人才。学生大一主要学习公共基础课，大二学习汽车专业基础课，大三学习汽车专业核心课和品牌定向班课程，大四全面进入汽车品牌定向班学习，并到企业进行顶岗实习。

针对实际情况，可以按照以下思路设计该专业社会主义核心价值观主题班会课程化体系。一是按照社会主义核心价值观 12 个词的价值指向确定对应的 12 个班会单元，按照“国家层面—社会层面—个人层面”的次序，从宏观到中观到微观，从大一到大四 8 个学期的每个学期对应 1－2 个班会单元进行设计规划。二是根据大学生在校期间不同阶段的认知和身心发展，结合国内外形势动态和社会热点，将每学期班会单元细分为 2 个主题班会进行整体化、系统化的具体设计。三是按照“培育—学习—领悟—践行”的要求有效开展主题班会。教师通过构建社会主义核心价值观主题班会课程化体系，让社会主义核心价值观内容和基本内涵在高职院校学生中实现全覆盖，并正确引导高职院校学生自觉成为社会主义核心价值观的学习者和践行者。

（二）联系专业和实际，探索社会主义核心价值观主题班会形式创新

习近平总书记在主持中共中央政治局培育和弘扬社会主义核心价值观、弘扬中华传统美德第十三次集体学习会上强调，要把培育和弘扬社会主义核心价值观作为凝魂聚气、强基固本的基础工程。社会主义核心价值观虽然只有 24 个字，但是高度概括了国家、社会和个人三个层面的价值倡导，这三个层面的倡导与高职院校学生自身实际和专业发展紧密相关。因此，在高职院校主题班会中，要转变传统班会观念，将不同专业学生的实际情况与三个层面 24 个字对接，将行业优秀典型代表人物、行业改革开放发展经典案例、职业体验、中国科技发展变化等材料融入主题班会，采用大学生喜闻乐见的辩论、竞赛、模拟招聘会、讨论、演讲、汇报表演等多种形式，运用微视频、合作学习、翻转课堂、MOOC、云课堂等新型教育教学方式和手段组织实施主题班会。适应时代新人的新需求和新特点，选择适当的班会话语方式，让师生共同创造一个和谐轻松、充满正能量的主题班会氛围。

（三）结合时代特征，运用互联网增强社会主义核心价值观主题班会的时代感和吸引力

当今是一个信息技术快速发展的时代。当代大学生是在互联网社会中诞生的新一代，他们普遍使用互联网和各种电子产品。在“互联网+”的时代背景下，在高职院校主题班会上要充分展示社会主义核心价值观12个词，需要积极运用各种新媒体、新技术，依靠互联网寻找大量优秀的作品和社会素材让大学生明确富强、民主、文明、和谐的国家价值目标，明确自由、平等、公正、法治的社会价值取向，明确爱国、敬业、诚信、友善的公民价值准则，理智地明辨是非、区分真善美与假恶丑。高职院校辅导员要注重加强对互联网发展和新媒体发展规律的研究，带领学生干部用“互联网+”让班会工作活起来，推动班会工作传统优势同信息技术高度融合，增强社会主义核心价值观主题班会的时代感和吸引力。

（四）完善科学考评机制，建立社会主义核心价值观主题班会“知行合一”双评价标准

社会主义核心价值观是建立在科学的实践观基础之上的。因此，在培育和践行过程中要求既要内化于心，又要外化于行。高职院校主题班会中应积极推进评价考核机制创新，大胆改革高职院校主题班会传统考核评价模式。针对理论性和实践性的双重特征，建立高职院校主题班会“知行合一”双评价标准，既有班会现场效果的考核，又有班会召开后学生行为实践的跟踪考查，将学生的道德实践活动、志愿服务活动等纳入班会考核范围。将主题班会作为高职院校辅导员理论水平、专业素养和宣讲能力的集中体现，成为考察和评判高职院校辅导员职业素质能力和教育教学质量的一个重要参照。这样既促进了辅导员队伍政治素养和业务能力的提升，又确保了社会主义核心价值观融入高职院校主题班会真正落到实处。

（五）注重队伍建设，提升辅导员和学生干部的政治素养和班会工作能力

近年来，随着我国高等教育全面深化改革不断向纵深推进，大多数高职院校将大量的时间和精力放在新校区建设、“双一流”学科建设等方面，对高职院校辅导员职业能力发展和学生干部培训方面关注度不够，导致辅导员和学生干部设计主题班会时缺乏系统指导。要将社会主义核心价值观有效融入高职院校主题班会，高职院校辅导员和学生干部要率先垂范，主动将社会主义核心价值观作为自己现实生活中的镜子。在社会主义核心价值观这面镜子前，辅导员

和学生干部每天都要照镜子，要认真对照、反省自己是否遵循了国家、社会、个人三个层面的价值标准和要求，使自己的政治思想不断更新和升华，政治素养得到全面提升。同时，高职院校要进一步加强对辅导员和学生干部班会工作业务方面的培训，提升他们的工作综合能力，尤其是组织策划主题班会的能力，为社会主义核心价值观融入高职院校主题班会提供一定的保障。

第三章　在实践育人中加强社会主义核心价值观培育

第一节　实践育人在培育社会主义核心价值观中的重要性

加强大学生的社会主义核心价值观教育，有利于大学生树立远大的理想、坚定正确的政治方向，筑牢抵御西方不良社会思想及现代社会腐化堕落思想的堡垒。加强大学生的社会主义核心价值观教育，有利于加强大学生的道德教育、爱国主义教育，树立新时代中国特色社会主义接班人的主人翁意识。加强大学生的社会主义核心价值观教育，有利于促进大学生全面发展，激励大学生为实现中华民族伟大复兴而不懈努力。高职院校必须肩负起社会主义核心价值观教育的光荣使命，通过一系列价值主题实践活动引领，以社会主义核心价值观来明确大学生思想政治教育的目的和方向。思想政治理论课作为社会主义核心价值观教育的主阵地，全方面培育大学生的理想信念教育、道德教育、爱国主义教育、社会教育，加强大学生理想信念、民族精神、时代精神和社会主义荣辱观等的教育。课堂教学在一定程度上全面又完整地阐明了理论知识，加强了大学生文化素养的积淀，整体提升了大学生社会主义核心价值观的知识积累。但在面对社会大变革和社会文化日益多元化、文化传播形式及内容日益多样自主化、大学生价值观日趋多样化的新形势下，课程育人并不能独立实现社会主义核心价值观在实践中的引领作用，没有全面起到“内化于心，外化于行”的效果，大学生很难将所学运用于实践，或在学习、生活中去践行社会主义核心价值观。因此，在大学生的社会主义核心价值观教育中，仅仅抓好课堂教学是远远不够的，我们还应注重实践育人在培育社会主义核心价值观中的重要性，通过实践育人将社会主义核心价值观教育全面渗透、贯穿到大学生学习、生活、工作、娱乐和消费的各个方面，让受教育者能够转换自己的角色，成为受教育的主体，自我表达与创造的主体，真正把社会主义核心价值观做到“内化于心，外化于行”，做到言行一致，实现主体综合素质的全面提升，最终实现自我及社会价值的提升。

首先，我们要认清社会主义核心价值观从来都不是高高在上的教条，唯有付诸行动、深入实践才能实现其指导和引领的价值。实践是检验真理的唯一标准，它既是改造客观世界的过程，也是改造主观世界的过程。实践是使大学生的理想与现实、理论与实践得到统一的重要桥梁，更是教育主体素质提升的根本路径。在教育过程中，作为教育对象的学生，也是作为主体的存在，通过社会实践这一重要环节，以感知、体验和行动来转换、践行教育内容，遵守社会规范，养成良好的美德和行为，这是社会实践发挥育人功能的效果。因此，社会主义核心价值观的引导一定要融入学生的学习、生活、工作中，通过实践激发学生学习的兴趣，明晰学习的动力来源及意义，进而调动学生学习的积极性、主动性，提升教育教学效果。

其次，高职院校倡导素质教育，注重学生的综合能力培养，提高学生的实际操作能力，丰富学生的社会实践阅历，而社会主义核心价值观教育的最终目的是要在实际行动中表现出个人的国家情操、社会价值，只有在实践的真枪实弹中，在一个个具体而鲜活的历史事件中，社会主义核心价值体系才能真正闪现出它的价值，只有在实践的大浪淘沙中，社会主义核心价值体系才会更加完善。因此，高职院校的育人目标与社会主义核心价值观的理论追求在实践育人上不谋而合，两者只有更加紧密地结合延展，充分发挥实践育人的桥梁纽带作用，高职院校的育人目标才能实现，社会主义核心价值观体系才能深化。

最后，实践育人为社会主义核心价值观提供了现实安排，能让理论教育更富有现实价值。实践育人可实施于课程教学中的实践引导以及大学生的各项实践主题活动中，围绕社会主义核心价值观教育开展社会实践活动，优化社会实践活动的内容、形式和程序，做出最合理最有效的活动安排。社会主义核心价值观教育与实践活动的人才培育机制只有按照德才兼备、以德为先的原则，以培育社会主义核心价值观教育与实践活动人才为核心，采取理论与实践相结合的方式，最终才能达到理论教育与实践活动相辅相成、相得益彰的目的。

高职院校应注重实践育人在社会主义核心价值观教育中的重要性，充分发挥实践教学在课堂教育、社会实践、校园文化、志愿活动、网络教育、主题班会等方面的整合作用，实践教学应注重开展校内、校外的多种实践形式，以及课上、课下丰富的实践类型，让学生从输入式的理论接收进入探究、体验、创造式的实践环境，将理想教育、价值观教育、情感教育等注入实践的环节中，从而达到“内化于心，外化于行”，让大学生在学习、生活过程中潜移默化地认同和践行社会主义核心价值观。

第二节 在实践教学中深化社会主义核心价值观教育

实践育人在社会主义核心价值观的教育引领中起着重要的作用，那么如何深化实践教学改革培育社会主义核心价值观呢？这就要求我们要在自上而下的教学管理中加强对实践课程的统筹安排和实践场地的落实部署，深化人文精神熏陶实践，紧跟时代发展步伐调整与变更信息传播方式及路径等。教师在教育教学工作中转变教育理念、创新教育方法、改进教育模式，实现社会主义核心价值观教育的可持续性健康发展。

一、深化实践教育平台，加强师资队伍建设

实践育人旨在加强实践过程中对大学生社会主义核心价值观的教育和引领，这就要求思想政治教育者不再局限于思想政治课的老师，还包含了专业课教师、辅导员以及学校领导。一方面，作为传道授业解惑者，学校领导和教师要不断加强中国特色社会主义理论体系的学习，掌握社会主义核心价值观教育的核心精神，提高自身理论水平，坚持正确的价值观导向，认清国内和国际形势，努力将自己的所学知识应用于实践引导，让学生在实践学习的过程中去践行社会主义核心价值观，充分发挥社会主义核心价值观的引领作用。另一方面，学校领导还要特别重视学校党政人员、行政人员、辅导员、班主任和思政理论课授课老师的思想品德和道德修养的培养，树立道德模范形象，发挥表率示范作用，建立行业社会主义核心价值观践行标杆。高职院校应搭建思政教育理论研习平台，深化改革各类实践平台，通过开展丰富的活动进行思想提升，树立道德模范的典型形象，以正确的价值观教育学生，帮助大学生形成正确的人生观、世界观和价值观。

二、狠抓思政课堂上的社会主义核心价值观实践教学，加强人文课程社会实践

在思想理论政治课主渠道学习社会主义核心价值观时，理论学习应该结合实践认知，创建红色文化学习基地，教学改变传统的以课堂为主的教学模式，通过现在的红色考察、研学旅游实现课堂教育与现场教育的有机结合，将教学内容寓于红色文化资源中，开展现场教学，实现理论与实践教学，寓教于游、寓教于乐，使受教育者在潜移默化中接受红色思想文化教育，贯彻深化社会主义核心价值观国家层面的“富强、民主、文明、和谐”，从而使大学生的精神

得到洗礼，情感得到升华，激发大学生对祖国的热爱之情，树立民族自豪感与自信心。

思想理论政治课老师还应利用特殊节日，比如在五一节、国庆节、寒暑假开展社会主义核心价值观的社会实践课题锻炼，带领学生走出教室、走进大众，将自己所学文化知识运用到现实社会中去，在实践中加深大学生对社会主义核心价值观的认知。这些社会实践主要包括到博物馆、纪念馆、展览馆、烈士公墓等红色文化基地学习，参加社区敬老院、贫困地区志愿服务、暑期“三下乡”调查服务等活动。红色文化基地学习实践，使学生重温历史，感悟历史人物，阅读红色经典，寓学于乐，让学生身临其境，自己去感知和体验历史及其事件发生的过程，了解过去的艰苦岁月，体验中国共产党革命成果的来之不易和辉煌成就，从而产生心灵的震撼，唤醒学生内心深处的情感，提高学生的思想境界，从而树立正确的“三观”，提升广大学生在实际生活中用马克思主义的立场、观点分析解决问题的能力。大学生走进社区志愿服务，开展点对面的教育宣传活动，将最新的国家政策、主导思想以图片展或汇报的形式向社区老年人宣讲，让老年人也能跟上时代潮流和社会发展进程，提升社区居民的思想道德素质和文化水平。大学生“三下乡”社会实践活动，是结合现有的定点扶贫惠民政策的学生个人对社会热点问题的调查研究，带领大学生志愿者走向农村，服务基层群众，了解群众的需求，一方面把国家最新政策带到农村，实现农民精神上“脱贫”，另一方面将自己所学到的科技知识应用到农民的生产、生活中，帮助农民解决生产技术难题，实现农民物质上“脱贫”。大学生自己也将切实感受到时代脉搏和社会的新变化，通过社会实践，自觉将社会主义核心价值观内化于心。

三、专业课程实践教学注重校企共育，让社会主义核心价值观教育始终贯彻于实践教学

高职院校注重学生的技能培养，学生专业课程有大部分是在实训场地完成的，在专业课程设置中，会安排大量的实训课程，以及社会实践锻炼。在实训课程教学中，专业课老师首先应当找出专业课教学内容可能涉及的观点问题和理论难点，做到结合实际设计问题，认真分析教学中如何运用教材的理论来联系和解答学生的难点与问题。在传授实战技能的同时，更应将敬业奉献的职业精神、刻苦钻研的工匠精神进行深入讲解，通过一个个生动鲜活的案例，例如载人航天精神、女排精神、工匠精神等，进一步让学生加强对社会主义核心价值观的理解与领悟，真正让社会主义核心价值观贯穿于实践教学全过程。

专业课实践教学的另一个主阵地是校企合作的企业，学生在一定阶段进入企业认知、实习，进行工学交替，通过企业文化和实践教学引导学生加强社会主义核心价值观的学习，促进学生学习的主动性，形成大学生积极向上的思想价值观念。在专业课程实践过程中，主要开展有企业认知实习和订单班顶岗实习。企业认知实习是针对新生入学后，带领大学生到企业进行现场认知，了解企业文化，鼓励大学生努力学习专业知识，为更好地实现个人的理想目标而练好本领。而订单班顶岗实习是大学生经过专业知识学习之后，参加校企合作单位的顶岗锻炼，为期 3～6 个月，实习指导老师和企业导师共同制定实习培养计划，在实践中引导学生发现问题、解决问题，在实践过程中注重学习社会主义核心价值观，加强对个人层面的“爱国、敬业、诚信、友善”的深刻认识。大学生在参加专业实践活动的过程中，专业课老师通过改变传统的专业讲课模式，达到实践认知、操作的潜移默化，培育和提高大学生践行社会主义核心价值观的意识与能力，同时让大学生在实践过程中坚定自己的信念，以及对专业的热爱之情。

四、依托现有社会多样传播方式，建立线上、线下相结合的社会主义核心价值观实践平台

无论是思政课主题价值系统的搭建完善，还是人文价值基地的充分挖掘与储备，还是校企共育平台的合力共建，都很好地为高职院校学生实践社会主义核心价值观搭建了一个线下主题实践平台与场所。在这个信息化时代，万物互联互通的时代，知识与资讯传播已搭建起众多平台，人人都成为时代的观摩者与表达者，高职院校学生在学习之外，手机、游戏机、阅读机等各类移动电子设备已经占领了其大部分娱乐、生活时间。无论是微博、抖音、快手、豆瓣还是腾讯视频、头条新闻、淘宝购物等，都已经成为学生们接受外在信息及价值观教育的重要平台。为此，建立线上实践教学平台就显得尤为重要和紧迫。在这个高度彰显社会主义核心价值观的时刻，如何才能搭建有效的线上实践教学平台？思政专业老师可以通过网上教育平台以“疫情防控中的价值观思考”为题进行网上授课，辅导员老师可以通过网上教育或会议平台开展“我为疫情防控作贡献”主题班会活动，还可以通过建立群组开展诸如“疫情防控中的感动瞬间”等话题的讨论，将那些为疫情作出贡献的可爱、可敬的人员所体现出的法治、爱国、敬业、友善等社会主义核心价值观进行生动活泼的展示。通过建立线上的教育、交流平台，与学生无缝进行价值观的学习与讨论，将个体价值与时代事件进行紧密联系，更好地宣扬社会主义制度的优越性及社会主义核心

价值观的实践意义。

第三节　以社会主义核心价值观引领高职学生社会实践

新时代下的大学生涉猎面广，思想活跃，更加关心国际、国内大事，他们的价值观在不断完善过程中，很容易被外界影响，因此社会主义核心价值观的实践育人，除了要从课程教学中引导实践，还应开展以社会主义核心价值观引领的大学生各项实践主题活动，从方方面面融入大学生的学习生活，影响和指导大学生的思想行动。

一、开展校园主题实践活动深化社会主义核心价值观教育

校园实践活动是宣传社会主义核心价值观的重要途径之一，也是检验大学生是否有着正确的价值取向的方法之一。校园实践活动主要是指学校通过举办丰富多彩的校园活动将社会主义核心价值观教育融入学生内心，如开展主题党日、主题团日活动，在完善基层团组织建设的同时，将社会主义核心价值观深入人心；开展校园摄影、征文、写生等活动，激发广大学生爱国、爱校的情怀；开展学雷锋系列活动引导广大学生学习雷锋艰苦奋斗、爱岗敬业的精神，用贴近实际的榜样力量影响广大学生；开展诚信、感恩、文明、修身等主题教育活动，倡导广大学生树立与人为善、热情友好的价值观念。高职院校通过一系列校园实践活动，培养大学生全面发展的能力，丰富他们的情感体验，全方位营造社会主义核心价值观的践行氛围。此外，高职院校最常见的校园主题实践活动还包括校园法制宣传活动、校园宿舍文化艺术节、校园创新创业大赛等。大学生通过积极参加校园法制宣传活动，深刻理解法制的内涵，时刻保持守法、护法的思想观念，有利于推动社会主义法治建设；开展校园宿舍文化艺术节系列活动，通过举行价值观征文、拔河比赛、宣传图片展、文艺晚会等，运用多种多样的方式将社会主义核心价值观融入具体的活动中，从而使每个学生都能积极参与践行；开展大学生创新创业大赛，通过发挥团队能力，不断实践创新、钻研攻关，逐渐培养大学生吃苦耐劳、敢于奋斗的主体精神，增强社会主义核心价值观在大学生技能实践活动中的渗透、引领作用。除了开展校园内的实践活动外，学校还可以利用共青团、学院团委开展志愿者行动和社会公益活动，组织学生进入社区宣传法制、参与敬老院敬老活动、深入乡村支教，

以及组织学生开展红色旅游和社会调查，宣传社会主义核心价值观，让大学生能够感悟生活、感受历史、反思现在，在实践中加深大学生对社会主义核心价值观的理解。

二、结合高职院校专业特色搭建专业社团，立足社会主义核心价值观培育人才

高职院校的各专业在育人过程中注重培养大学生的技术技能与实践动手能力，这就为我们在实践育人中加强社会主义核心价值观培育提供了有效通道。结合高职高专院校各专业的特色特点，实践教学可以通过建立实践实训基地、模拟企业管理、学习企业文化，以社团组织的形式，将专业技能付诸应用实践，全面将社会主义核心价值观教育融合到社团实践主题思想中，成为拓展社会主义核心价值观教育途径的有力助手。同时，开展专业相关的社团活动，在实践过程中能更专业地指导和培育学生的动手能力，注重技能与职业的结合，宣扬职业精神，进一步增强学生毕业后的社会适应力和职业竞争力。比如汽车专业开设的汽车钣金与喷漆社团，社团的日常活动可致力于解决校内员工车辆遇到的实际碰撞问题。学生通过解决实际问题合理创收，加强敬业、诚信、友善等个人素质培养，通过专业社团这一技能展示平台将实践育人在社会主义核心价值观培育中的独特作用发挥得恰到好处。大学生通过在专业实践社团的成长，筑牢为人处世之本，夯实立德修身之根，为走向社会、融入岗位打下技能与素质的储备基础。通过构建实践锤炼机制，进行一系列结合实际的实践教学探索，其最终目的是要让大学生践行社会主义核心价值观。

三、申办专业科普基地，搭建大学生志愿者服务平台，践行社会主义核心价值观

高职院校向来注重社会实践，在课程设置上加强专业课程与社会工种的紧密联系，一些专业除了在软件上吸引有实战经验的老师，在专业硬件上更是配备齐全并领先行业，有效培养出大量满足社会生产需求的应用型技能人才。但是，高职院校的专业硬件设备除了培养提升大学生的技能，更要发挥其服务社会的效能，避免资源的极大浪费，因此在达到相关职能部门的要求下，申办科普体验基地，让大学生参与志愿服务管理，既能使硬件设备物尽其才，还能将社会及个人价值贯穿于学生的每一个学习服务细节上。比如某高职院校的汽车工程系就搭建了汽车体验科普基地，科普基地面向社会开展各类科普活动，可以普及科学知识、服务公众，提高全民的科学素质。同时，科普基地的申办成

功搭建了大学生志愿者服务平台，越来越多的本专业大学生致力于公共服务平台服务，在志愿服务过程中践行社会主义核心价值观，提升大学生的道德境界，增强社会责任感，锻炼服务合作意识，并最终形成与社会主义核心价值观相统一的职业价值观。

四、建立行业大师工作室，弘扬工匠精神，拓展高职大学生学习新方向

随着高职教育的不断发展，以及近年来各类技能大赛的层层选拔，涌现出一批在行业中出类拔萃的行业精英，他们拥有令人叫绝的专业技能水平，令人敬仰的职业道德精神，实为举国礼赞的大国工匠。为此，在教学实践上，可引进一批德艺双馨的行业大师，建立行业大师工作室，将传统的尊师重道精神、师徒传授家法体现在日常的教学过程中，让更多的高职学生明确学习的意义及方向。同时，还可积极组织学生与社会高度认可的民间非遗大师、技能工作室进行交流学习，不仅能让他们将所学与社会需求紧密联系起来，而且能让学生明白什么样的社会价值、职业素养才是被社会所尊崇和弘扬的，最终引导高职学生真正将社会主义核心价值观与个人学习成长、社会实践进行深度结合，实现创新学习方向和优化职业规划的目的。

第四章　在文化育人中加强社会主义核心价值观培育

第一节　高职院校校园文化建设与社会主义核心价值观培育的关系

中华文明几千年的传承积淀了中国特有的传统文化，中华优秀的传统文化是社会主义核心价值观的思想源泉，党的十九大报告中指出，要培育和践行社会主义核心价值观，深入挖掘中华优秀传统文化蕴含的思想观念、人文精神、道德规范，结合时代要求继承和创新，让中华传统文化展现出永久魅力和时代风采。高职院校的校园文化也是从中国优秀传统文化和悠久的办学历程中精心提炼和培育出来的，因此，高职院校的校园文化和社会主义核心价值观有着必然的内在联系，两者既来源于中华传统文化，又是中华传统文化的继承和升华。

高职院校的校园文化建设与社会主义核心价值观培育是一种相辅相成的关系，两者相互交融，都具有时代性和民族性。社会主义核心价值观是校园文化建设的重要内容，而校园文化对大学生的价值观和品德形成起着“润物细无声”的作用。

高职院校是传播时代先进文化和党的优秀思想的核心机构，学校的一切文化资源，包括精神文化、环境文化、制度文化和行为文化都可以用来育人，而社会主义核心价值观的内涵也恰恰涵盖了这四个方面，以社会主义核心价值观引领高校校园文化建设的价值导向，是对高校教育提出新内容和新要求，是培养政治信仰坚定、品德修养高尚、综合素质优秀的当代大学生的根本保障，对高校贯彻落实习近平总书记系列重要讲话精神和“立德树人”根本任务具有重要意义。

第二节 高职院校培育社会主义核心价值观的文化环境分析

文化是一种力量，环境是一种氛围，文化环境就如同“场”的效应一样，通过各种文化传统、风俗习惯、价值观念和道德规范渗透于人们的社会生活中并产生广泛而深远的影响，文化环境的作用是多方面的，它塑造人的思想行为和价值观念，它具有渗透性、可塑性、全面性、动态性和复杂性等特点。文化环境之所以能够直接或者间接地规范和约束人们的思想行为是因为人不是完全独立和真空存在的个体，而是处于一定的社会关系之中，人们对某种文化的认同和接受与其生存成长的文化环境密切相关，需要通过环境的熏陶和不同形式的学习教育才能养成。

社会主义核心价值观的提出，回答了我们要建设“什么样的国家、什么样的社会和什么样的公民”的重大问题，要实现中华民族的伟大复兴，必须有根植于广大民众的价值共识，社会主义核心价值观就是这个价值共识，党和国家高度重视社会主义核心价值观教育，要把社会主义核心价值观转化为人们的情感认同和行为习惯，尤其是针对高校大学生的价值教育，2016 年 12 月，习近平总书记在全国高校思想政治工作会议上的讲话中指出，要更加注重以文化人、以文育人，广泛开展文明校园创建，开展形式多样、健康向上、格调高雅的校园文化活动，广泛开展各类社会实践，他在不同的场合多次表达了“文化育人”的思想。国家对于文化育人的重视程度显而易见，国家已经营造了社会主义核心价值观的文化大环境，我们高职院校需要在国家营造的文化环境下，结合自身的校园文化，通过教育学习、宣传等形式潜移默化地塑造学生的思维方式、行为习惯、价值观念和道德规范，让他们能成为担当民族复兴大任的时代新人。

当前大学校园文化建设面临着一个复杂的环境，在全球现代化进程的推动下，文化的交流越来越频繁，传播越来越广泛，西方的价值理念涌入我国，打破了以前单一的文化环境，使得大学生的思想观念出现价值多元化和功利化，他们越来越关注自身共同命运和价值，关注共同利益，部分大学生由于缺乏文化自信，盲目崇拜西方的自由、民主、平等，甚至出现了信仰的动摇，在这样的环境影响下，中华传统文化的主导作用被削弱。大学校园是传承传统文化的重要阵地，在高职院校培育和践行社会主义核心价值观尤为重要。

从当前高校校园文化建设存在的问题来看，校园文化建设的价值衡量偏离了正确的方向，娱乐大众的通俗文化占据了主导地位，校园文化建设流于形式，浮于表面，失去了灵魂。社会主义核心价值观的提出为高校指明了校园文化建设的价值导向，回答了培养什么样的大学生，因此，用社会主义核心价值观引领校园文化建设迫在眉睫。

社会主义核心价值观是每一个公民应当共同遵守、认同、维护并践行的价值准则和价值目标。高职院校培养的学生大部分就业于社会基层，这就需要在学校的文化环境中潜移默化地培育他们的社会主义核心价值观和品德，养成良好的行为习惯，收获价值认同，自觉地在自己的工作和生活环境中践行和推动社会主义核心价值观，感染身边的人，提高全民族的价值观和品德修养。因此，高校的校园文化环境对学生的价值观和品行的养成起着至关重要的作用。

第三节 高职院校培育社会主义核心价值观的文化育人功能

我国社会主义建设正紧锣密鼓地进行着，高校肩负着为社会主义现代化建设培养人才的责任，这需要将技能教学和文化教育完美结合。高校文化建设可以顺应时代发展的规律，根据整体的教育目标，确立一定的价值观体系，对大学生形成引导作用，促进其形成正确的三观。高校文化具有十分重要的育人功能，要构建符合我国社会主义特色、时代特点和高校形象的校园文化，从而形成良好的教风、校风、学风。因此，探讨大学文化的育人功能，寻求大学文化育人的实现路径显得很有必要。

一、引领功能

高校文化的首要功能就是对学生群体的引领功能。这依赖于高校自身文化的打造与大学生团队文化的形成两个方面。

高校通过营造优美的校容校貌、树立积极向上的校训校风、建设优秀的教师队伍、打造浓厚的主流文化氛围，使大学生对高校所倡导的符合社会主义发展要求的价值观念产生认同感，逐渐形成正确的思想观念，指导他们思考和行动，完成对大学生精神层面的塑造。

在充满了浓厚的主流文化和正能量的校园文化氛围中，大学生逐步形成了自己的团队文化。这种团体文化充分体现当代大学生的思维活动和心理状态，有利于启发大学生在团体中的向心力，在这种团体文化的氛围下，很容易让大学生形成共同的信念和目标，使大学生理想信念、思维方式、行为追求与学校的发展趋于一致，形成强烈的责任感。

二、素质提升功能

高校不仅传道授业，扩展大学生的知识储备，而且还可以潜移默化地提升大学生的综合素质。大学生除了在上课时间学习接受专业知识，提高自己的知识水平外，还在日常的生活实践中受到校风校训的熏陶，逐步提升自己的思想道德素质。党的十九大胜利召开以来，全国各大高校都组织了学习十九大精神的活动，形成了浓厚的政治学习氛围，提升了学生的思想政治素质。高校举行的各类文化科研创新活动对于提升大学生的科学素质、人文素质起到了重要作用。

三、实践指导功能

当前大学生就业形势严峻。各个高校不断加大对大学生参与社会实践的投入，让实践指导教育的理念得到充分体现。把文化育人理念融入高校大学生的社会实践中去，让大学生在实践中提升自我、完善自我，最终提高自身的综合素质。文化育人融入高校的大学生社会实践中，既有育人作用，还丰富了社会实践的内涵，具有不可替代的作用。

在大学生活中，学生不仅需要努力提高自己的知识水平，还应有意识地增强自我实践能力。高校通过开展各种实践活动来树立学生的实践参与意识，构建良性竞争环境，使学生充分感受竞争带来的压力和动力，提升自己的综合竞争力。

当代大学生群体中，独生子女占很大一部分，他们自小习惯了一个人的生活，缺乏与人交流的经验。高校通过实践活动为学生创造交流机会，扩大其朋友交际圈，在交流中建立自信心。尤其是社团活动，可以激发学生的参与兴趣，加强学生的团结，提高协作意识，为他们以后进入社会打下牢固的基础。

第四节　高职院校培育社会主义核心价值观的活动载体

习近平总书记指出："道不可坐论，德不能空谈。"于实处用力，从知行合一上下功夫，只有社会主义核心价值观才能内化为人们的精神追求，外化为人们的自觉行动。自开展社会主义核心价值观进校园活动以来，四川交通职业技术学院积极行动，成立了领导小组，根据师生的特点和学院特有的校园文化制订了实施方案，在全校开展社会主义核心价值观教育宣传活动。首先通过学院宣传统战部搭建的"三网、两微、两台、一报、一屏"九大宣传平台对"社会主义核心价值观”进行广泛宣传，形式多样地营造氛围，其次建立了以辅导员为主体，任课教师齐抓共管的社会主义核心价值观教育网络。针对社会主义核心价值观内容宽泛、不易理解的特点，学院确立了以开展活动为载体，通过活动向学生渗透核心价值观的思路，将社会主义核心价值观与各项活动结合起来，与行为习惯培养结合起来，让大学生在实践过程中切身感受，收获价值认同，努力培养学生积极的人生态度、健康的心理情感、高尚的道德品质，让学生在潜移默化中深刻理解社会主义核心价值观，同时，积极推动和践行社会主义核心价值观。活动过程中，由宣传统战部老师指导、学生组成的全媒体团队对一系列活动进行全方位的报道和宣传，让全校师生参与并融入其中。

一、通过教师示范激励大学生崇学向善

任课教师和辅导员是社会主义核心价值观培育和践行的示范者和引领者，任课教师承担着传授知识和塑造学生价值观的重任，辅导员贯穿陪伴学生大学生活的始终，引领着大学生思想政治教育，两者都在社会主义核心价值观培育中发挥着关键且特殊的作用。因此，任课教师和辅导员都需要不断提升自身道德修养和师德水平，树立正确的教育理念，时刻注意自己的言行，以社会主义核心价值观为理论指导，教书育人，言传身教，以人为本，关爱学生，让学生眼见为实，激起思想共鸣，潜移默化地影响学生的品德修养和行为习惯，在言传身教中促进学生养成良好的道德品质。

高校要建立教师发展考核研究中心，建立健全教学质量和师德师风考核评价体系，完善职称评定制度、政治理论学习水平考评制度，开展青年教师讲课比赛、信息化教学比赛、专业技术技能比赛，评选先进优秀教师和道德模范，让教师增强自身的政治素养和专业素养，自觉地把社会主义核心价值观内化于心，外化于行，用自身修养和德行影响身边的学生。

高校要积极探索辅导员专业化、职业化道路，提供政治理论进修培训机会，系统地学习马克思主义理论、中国特色社会主义理论和社会主义核心价值观理论，加深辅导员自身的政治理论素养，培养辅导员精湛的业务能力。要树立辅导员终身学习的理念，持续深入学习党中央文件精神，不断研读习近平新时代中国特色社会主义思想理论，拓宽视野，不断更新自己的政治理论知识，跟上思想政治研究的前沿动态，形成自身的政治理论体系，深入研究社会主义核心价值观的核心思想，把深奥的政治理论知识融入日常工作事务中，用生活中的语言和情景让大学生对社会主义核心价值观认识得更充分，引导和帮助学生形成正确的价值观念。

二、通过传统文化教育增强大学生文化自觉和文化自信

习近平总书记指出："中华民族创造了源远流长的中华文化，也一定能够创造出中华文化新的辉煌。"早在党的十六届六中全会中就已经明确提出了构建社会主义核心价值体系需要将文化自信以及文化自觉包含在内，而文化自信与自觉也是价值体系构建的重要内容。要坚定文化自信，增强文化自觉。对中国优秀传统文化的传承是高校文化育人功能不可或缺的一部分。

当代大学生在复杂的社会背景下，处于各种文化交错碰撞的环境中，重视高校文化育人功能对增强大学生文化自觉和文化自信发挥了重要作用。随着外来文化和传统文化的交融，大学生群体中越来越多的人追随外来文化，在这样的文化氛围下大学生丢失了原本存于骨子里的精气神。

培养大学生对民族优秀传统文化产生深刻的认同感，社会与国家肩负着不可推卸的责任。随着国家越来越重视对古文化、民间文化的保护，当代大学生的文化自觉与文化自信已渐渐树立起来。高校作为培养思想的前沿阵地，是各种文化交融共生的场所。提高大学生文明素质，树立正确的价值观，增强其民族文化主流意识，培育其崇尚科学、不断创新的思想观念，是高校文化育人的主要社会责任。大学文化不同于世俗文化，其优势在于其先进性及独一无二的引领性。中国特色社会主义文化包含丰富的文化内容，社会主义核心价值观是文化自信的本质与灵魂。培育、践行社会主义核心价值观，实现文化认同，应对文化挑战，促成文化交流，引领文化创新，凸显文化解释力，逐步增强、实现文化自信。

高校可以通过开设有关传统文化的公共课，加深学生对于传统文化的理解。学生通过课上的深入学习，学会辨别何为传统文化的糟粕，何为传统文化的精华，从而去粗取精，完成对中国优秀传统文化的传承。

三、通过校园文化环境建设影响大学生改善自身思想和行为方式

各学校因为发展历史、地域文化、办学方向等因素，其校园文化建设存在明显的差异性。校园生活是学生与社会对接的一个过渡过程，学校和教师建立合适的文化环境，是学校文化的一个重要来源。构建良好的校园环境文化，对大学生的价值取向、思想道德观念、知识素质和心理健康具有重要影响。深入推动高校校园文化建设，要把社会主义核心价值观教育融入其中，这在学习宣传社会主义核心价值观、建设和谐社会中具有重要作用。

校园文化环境的搭建可分为两个方面，一方面是学校环境文化装饰建设，校园文化是主旨，是内容；文化装饰则是载体，是形式。学校可以将社会主义核心价值观结合学院独有的校园文化，打造合理的校园规划，选取特色的文化装饰，如雕像、名人格言、标语、横幅、宣传海报等，通过校园文化存在的物化形式表达主观的教育意图。

另一方面是人文环境建设，学校应着力办好校内报刊和院内刊、校园广播、校园图书馆、校园微博和微信公众号等媒介，以加强对社会主义核心价值观的宣传。高校将社会主义核心价值观融入校园文化的宣传，加强学生的内化与吸收。同时以这些传播媒介为依托发起一系列有关社会主义核心价值观的话题讨论和竞赛活动，可以加深大学生对社会主义核心价值观的理解。除了这些宣传和活动外，辅导员在关心同学们的日常生活时，也要渗透社会主义核心价值观，力争让学生在生活琐事中时刻遵循着社会主义核心价值观精神。总之，要让学生在他们所生活的氛围中感受到主流文化的引导，积极践行社会主义核心价值观。

四、通过实践体验增强大学生主流认同

实践出真知，实践长才干。实践是认识的起点和归宿。实践决定着大学生价值观的生成、发展与实现，决定着大学生价值观的基本方向，因此，实践的作用尤为重要。要把社会主义核心价值观的文化育人作用发挥到极致，高校必须把社会主义核心价值观融入校园文化活动中，利用校园文化活动，营造出社会主义核心价值观建设氛围，让大学生在实践活动过程中理解和把握其核心要义，并主动积极地践行社会主义核心价值观。

“00后”的大学生成长在发达的互联网时代，接受新鲜事物能力强，常常不按常理出牌，喜欢接地气又有时尚感的元素。高校必须针对学生的这些个性特点，构建新的教育教学理念，适应和满足他们的需求，培养出合格的、与时俱进的时代新人。

（一）思政教学新方法

在思想政治教育课上，积极组织思政教师集体备课，集思广益，充分发掘、整理与思政课教学内容相关联的影视作品及网络短剧，在课内实践教学中剪辑使用，帮助教师对抽象的思政理论进行阐释说明，降低学生理解思政理论的难度，加深他们的理解和记忆，营造良好的学习氛围，提高学习思政理论的兴趣和持久度。利用影视作品中能够体现社会主义核心价值观的令人振聋发聩的经典台词，滋养大学生的心灵，养成良好的品行，充分发挥思想政治教育课

的引领作用。

（二）主题班会新形式

主题班会是辅导员向学生进行思想品德教育的一种有效形式和重要阵地，充分发挥班集体的智慧和力量，让个人在集体活动中受教育、受熏陶，从而提高综合素质。组织充分、内容丰富、形式新颖多样的主题班会对学生思想的转化和价值观念的形成有不可估量的作用。学院应该组织辅导员老师进行集中学习，学习社会主义核心价值观的深刻内涵，学习如何开展优秀的主题班会，学习怎样将社会主义核心价值观融入主题班会等。以社会主义核心价值观提及的12个方面为主题，开展系列主题班会，进行评比，将优秀的主题班会制成视频，在全校所有班级中进行展播，让学生学习的同时，激发起创作想法，鼓励他们自己动手创作更有吸引力的主题班会。

（三）社团活动新花样

高校学生社团活动是高校校园文化的重要组成部分，是新形势下开展思想政治教育的重要组织动员方式，具有强大的隐性育人功能，这与社会主义核心价值观的“润物细无声”的教育目的不谋而合，因此，社团活动在推进社会主义核心价值观教育中拥有无可比拟的优越性，高校应该重视社团活动，组织形式新颖、多样、接地气的活动，让大学生在参与活动中无形地学习、铭记、践行社会主义核心价值观。

1. 以国家重大节日、重大活动、重大事件为契机，以社会先进人物为典型，广泛开展社会主义核心价值观教育。如组织学生观看电影《离开雷锋的日子》，学习雷锋的亲密战友乔安山如何以一个平民百姓的身份，一生学习雷锋做好事无私奉献的精神，通过分享观后心得反思自己的日常言语和行为，树立乐于助人的意识；组织班级中队活动，利用业余时间到校园周边福利院，为孤寡老人和孤残儿童提供志愿服务，亲力亲为践行乐于助人；开展“唱红歌”“讲红色故事”等活动，亲身参与，引导学生理解社会主义核心价值观的红色起源；通过校地合作模式，积极与地方历史文化博物馆、传统文化教育示范基地、红色景点、非遗展览馆等文化教育场所合作，搭建文化育人实践平台，让大学生近距离接触传统文化，感受传统文化的魅力，感受革命先烈的事迹，让社会主义核心价值观内化于心。

2. 邀请专家、学者进校园，讲授红色经典、法治案例，组织学生以讲授的主题开展演讲比赛或者主题班会讨论，进一步加深对讲授主题的理解；鉴赏红色影视作品，如《建党伟业》《战狼2》《红海行动》等紧跟时代步伐的影视作品，培养爱国情怀，树立正确的历史观、国家观；学习母校的革命历史和杰出校友的光荣事迹，培养学生的爱校情感；开展道德讲堂活动，组织师生学习道德模范；课前十分钟在班级开展诵读经典活动，让经典烂熟于心，树立正确的文化观。

3. 开展“校园文化艺术节”活动，如寝室文化大比拼活动、高雅艺术进校园活动、传统文化服饰体验活动、交院好声音活动、书画作品展活动、文化活动主体摄影展、红色微视频微电影大赛等，让大学生在活动中感悟，在活动中成长，在活动中践行。

第五章 在网络育人中加强社会主义核心价值观培育

2013年12月23日，中国共产党新闻网公布中共中央办公厅印发《关于培育和践行社会主义核心价值观的意见》，指出有必要将社会主义核心价值观的培育和实践纳入国民教育的全过程，加强社会主义核心价值观的宣传教育。党的十八大提出，倡导富强、民主、文明、和谐，倡导自由、平等、公正、法治，倡导爱国、敬业、诚信、友善，积极培育和践行社会主义核心价值观。这充分体现了国家高度重视大学生思政教育特别是意识形态领域对社会主义核心价值观的培育。随着20世纪90年代网络的兴起和井喷式发展，如今，“00后”出生的网络新一代已陆续进入大学校园，网络已成为高职院校学生一出生就伴随他们成长的一部分，他们对网络的信任和依赖是前所未有的。为防止青年学生被网络不良信息侵害，高职院校宣传媒体应充分运用网络传播手段，创新高校宣传思想政治工作，转变工作观念，在网络育人中加强社会主义核心价值观培育，有效掌握网络舆论的主动权，讲述好高职院校故事、传播好高职院校声音、塑造好高职院校形象。

第一节 网络环境对高职院校社会主义核心价值观培育的新挑战

随着科技飞速发展，网络从单纯的电脑拨号连接网络向智能手机全面普及，更加智能和不受时间、地点限制的操作方式，成为高职院校师生获取信息最方便快捷的工具，也成为提高高职院校学生社会主义核心价值观培养的有效载体。同时，网络也是一把双刃剑，其开放性的特点，使大量多元化、碎片化、虚拟化的信息充斥其中，这对高职院校学生社会主义核心价值观培育产生了不利影响，给培养工作带来了新的挑战。

一、多样化网络信息增加了社会主义核心价值观培育环境的复杂性

网络如同“聚宝盆”，容纳着来自世界各地种类纷繁且良莠不齐的多元化信息。随着网络的普及和电脑、手机等通信工具技术的进步，网络信息量呈几何级增长，网络信息状态一直保持在超密集和超混乱的状态，这种状态不仅对大众在信息判断和选择使用上造成心理负担和行为困难，而且“信息污染”现象也日益严重。打开电脑或手机任何一款软件，就可能被动地接收到各式各样的网络信息，有可能是一条即时新闻事件，也有可能是一个商品广告，还有可能是一个隐蔽的犯罪链接。不法信息往往有着绚丽的形象设计或诱人的打折促销送礼券等优惠伪装，吸引大众“点击”，隐秘在其中的刺激性、挑战性与暴利性的信息，如色情视频图片、低俗文学，以及有关赌博、造假、诈骗等违法内容，会越过语言、民族、地域等阻碍，不停地“攻击”大众的电脑或手机。不排除高职院校学生因为年轻气盛、对新鲜事物好奇，会经不起诱惑点击观看。不法分子甚至有可能是国外敌对分子，会利用诸如此类的诱惑造谣生事、无事生非，导致经不起诱惑的学生误入歧途。网络“聚宝盆”让世界各地海量的信息涌入学生们的视野，能开阔眼界、增长见识，但同时也给学生们增加了筛选和分辨有用信息的难度，这使得高职学校大学生树立正确的人生观、世界观和价值观面临着前所未有的冲击和挑战，同时也使得高职院校学生社会主义核心价值观培育环境更加复杂。

二、碎片化网络信息降低了社会主义核心价值观培育主体的权威性

网络普及以前，青年学生受接受价值观培育，主要是利用课堂讲授或电视、广播、报纸等传播手段，培育主体是讲授者或者媒体管理者，培育的内容经过了培育主体充分的准备和严格筛选，理论严谨，充满正能量，具有权威性。当时的价值观教育严谨、形式也较为单一，青年学生接受价值观培育的时间长、具有很强的系统性，对品德的养成和行为的规范有非常大的帮助。在网络技术大爆发的今天，时间显得尤为宝贵和重要，“碎片化”的信息顺应而生，及时推送的微博、图文并茂的微信、眼花缭乱的抖音小视频等，它们有趣味、范围广、内容杂，大众喜欢什么，发布者就绞尽脑汁无孔不入地为博取阅读量编写其所好，发布者和阅读者都可以在任何时间和任何地点发布、阅读、评论。网络和通讯工具的普及，使得当下高职院校学生获取信息的方式，更多地

来自网络，阅读地点从课堂上、图书馆里变成了被窝里、地铁上甚至是厕所中，此时也不需要长者的帮助与引导，读与不读、读什么、怎么读、读后怎么想、要怎么做……多凭自己的喜好和心情，阅读精力不集中、跳跃式地抓取自己感兴趣的“碎片化”信息阅读，对不感兴趣的可以肆意评论甚至语言攻击。这种信息削弱了发布主体的权威，降低了高职院校学生对社会主义核心价值观系统理论的接受度，弱化了社会主义核心价值观培育主体的权威性。

三、虚拟化网络信息增加了社会主义核心价值观培育监管的难度

网络所具备的开放性、自由性、匿名性等特点，使得网络成为当下年轻人释放情绪、消遣时间和交友联谊的重要场所。在现实生活中不敢做的事、不敢说的话、不敢发的图片、视频，都被人放在虚拟的网络中吐槽发泄。调侃、搞怪、无理取闹似乎成了部分年轻人的主流行为，严谨朴实的文字作品、正义爆棚的影视作品等成为评论和弹幕的陪衬。由于高职院校学生心理特点，会不自觉地融入当下的网络环境，思想观念和情绪容易受到网络信息的影响。他们可以随时起一个网名，随便找一家网吧，在任何一个网络平台上做为所欲为的“键盘侠”，“自由”地发表自己的见解和看法。这实际上是逃避现实、逃避社会责任的一种方式，严重阻碍了高职院校学生正确价值观的形成。

第二节　宣传平台是高职院校培育社会主义核心价值观的网络主阵地

近年来，特别是中共中央办公厅、国务院办公厅《关于进一步加强和改进新形势下高校宣传思想工作的意见》下发以来，要求高职院校党委要深刻领会意识形态工作的重要性，在网络育人中加强社会主义核心价值观培育至关重要，建立起党委领导有力、宣传部门主要管理、其他部门协调配合的高效宣传思想工作机制，建立起全员、全过程、全方位的大宣传格局，立足高职院校资源、突出高职院校专业特色、围绕教育教学中心和亮点引导主流思想舆论，传播正能量，营造积极健康和谐的培育氛围。

一、充分利用多种网络平台，占领网络育人新高地

1. 拓宽网络思政教育途径。建立 QQ 群、微信群、网上学习园地、网上党校等，定期上传学习资料，开展网络知识竞赛、话题讨论、心得体会交流、

先进典型宣传等，及时传达学习贯彻党的路线方针政策、传递正能量。鼓励师生下载“学习强国”“青年大学习”等主流网络教育平台，积极动员师生利用平台进行日常打卡学习。在平台上，国家大事实时更新，领导讲话高屋建瓴，学习资源丰富详尽，各高职院校可根据条件，适时开展“学习之星”评比，奖励先进，以赛促学，不断拓宽网络思政教育的途径，提升学习的吸引力和感染力，增强师生学生的主动性。

2. 依托“易班”教育平台。“易班”教育平台是高校教育教学、生活服务、文化娱乐的综合性互动社区，为在校师生提供定制论坛、博客、相册、网盘、群组、交友等教育信息化一站式服务功能。高职院校应重视在“易班”教育平台上加强社会主义核心价值观培育网络课堂的推广力度，创建社会主义核心价值观培育题库并适时开展各类有奖答题活动，把大学生社会主义核心价值观培育巧妙地融入日常学习和生活。同时，注重寓教于乐，充分利用“易班”教育平台上形式多样的功能板块，把单调的学习教育尽可能地变得丰富起来：可以适时在“易班”教育平台开展社会主义核心价值观培育网络面对面交流活动，为学生与老师搭建起面对面交流的平台，帮助学生答疑解惑，引导学生树立正确的三观；还可以抓住高职大学生喜欢交友、分享摄影和视频作品这一特点，开展凸显社会主义核心价值观的摄影及视频比赛，让学生发现身边的“美”，并记录下来，分享给更多的人。

3. 创新报刊、广播、电视、网站等传统宣传平台。传统的校园报刊、广播、电视和网站要顺应网络数字化和信息化带来的巨大变化，唯有不断守正创新，传统宣传平台才能迎来互联网的春天。高职院校既要守住传统宣传平台思想政治教育阵地，更要依靠社会主义核心价值观培育内容的多元化、精品化来吸引高职院校学生，同时也要注重运用现代网络手段推陈出新：纸质报刊向电子报刊转变，手机端、PC端可同时阅读，注重排版的字体、图像色彩搭配和视觉效果，增强文字的可阅读性，把握好社会主义核心价值观宣传、校园正能量传播和泛娱乐化尺度，把传统的报刊办活、办好；校园广播节目向电台节目转变，上传至各大电台APP，可随时在线或下载收听，关注广播节目听众年龄层次，根据不同层次收听喜好量身制作电台节目，在配乐的选择、文字内容的把控上契合社会主义核心价值观教育，让悦耳的教育内容随着电波被更多的高职大学生收听并喜爱；校园电视节目应突出高职院校专业特色，在校园主干道、教室、食堂、学生宿舍等师生集中的场所安装大屏幕或电视机，在适合的时间播放师生拍摄的电视节目，展示师生学习状态、精神风貌、校园正能量和多彩校园文化生活；各类网站要顺应网络发展潮流，增设手机版查看页面，开设“社会主义核心价值观培育专栏”，专栏的制作要契合高职大学生的审美观，内容活泼，不固化，开设有奖阅读等网络活动提升点击量，让社会主义核心价值观培育深入人心。

4. 注重运用新媒体平台。新媒体是当下最流行的各种网络传播手段的总称，包括微博、微信、QQ、抖音等多种网络平台，学生使用率高、认可度高、影响力大。高职院校应及时开通官方微博账号、微信订阅号、QQ 公众号、抖音视频号等多种公众号平台，以亲和、幽默、接地气等话语方式，拉近与网络读者之间的距离，力求设计风格简约大方、色彩搭配赏心悦目、文章内容有的放矢，符合师生、家长、校友和社会人士审美需求，第一时间占领社会主义核心价值观培育的网络高地，根据不同新媒体平台的特点，推送各具特色的推文。例如，微博的文字容量使内容受限，但推送时间不受限制，重要新闻事件和校园热点事件一旦发生，可以随即编写简短文字介绍，再选取合适的照片。编辑完毕，可随时推送。微博的一个特点是可全网搜索，如果事件在一定范围内有很强的影响力或曝光率，将有机会成为“头条”，极大提升社会影响力与知名度。微信公众号目前是高职院校所有官方平台中最重视的平台，编辑好的微信推文既可发送给微信好友又可分享到朋友圈，但每天只能推送一条。如何在每天仅能发一条的情况下，编辑出一篇质量高、阅读性强、受众面广、点击率高、点赞量多、评论热烈的微信推文，是每一个高职院校新媒体工作者们孜孜探索的目标。QQ 公众号功能强大，不仅涵盖了个人 QQ 的所有功能，还能对接高职院校教务网、后勤网等各类实用性网站，互动性强，但受众面较小，仅仅在高职大学生中较为流行。抖音小视频吸引力强，近年来爆红于网络，需要拍摄和后期制作的技术要求，且视频时间不能超过 1 分钟。高职院校宣传部门应充分认识和把握这些网络平台的关键要素，精挑细选、量体裁衣，编辑既弘扬中华传统美德、充满正能量又符合微博、微信、抖音等网络平台特点的推文，分析用户浏览规律，选择最恰当的时间发布，如每天晚上 9 点是网络黄金时段，然后是下午 6 点、中午 12 点、早上 8 点等时间段，尽可能多地吸引学生点击阅读。

丰富多彩的校园网络平台传播方式，使得社会主义核心价值观的培育方式灵活多样。高职院校学生利用网络学习社会主义核心价值观，变被动“灌输”为主动“点击”，由排斥变接受，由接受变喜欢，由喜欢变追求。

二、贴近学生生活创新内容，促使网络育人更接地气

1. 深入到学生中去。高职院校教职工特别是宣传部门工作人员要通过课堂教学、课后辅导、宿舍关怀、文体活动、假期家访等方式，深入到学生中去，与学生拉近距离，与学生交朋友，了解他们的喜好，反映他们的呼声，寻求互动点、共鸣点，克服年龄代沟，耐心倾听他们对大学生活、专业学习、兴趣爱好、友情爱情等的各种倾诉，并积极解答他们提出的各种问题、排解他们遇到的各种心理障碍。各网络平台要紧跟网络流行趋势，捕捉当下网络热点，适时开展征集话题的活动、及时开通答疑解惑网络通道、保障网络信箱和QQ微信群收发通畅，广泛收集学生们对当下网络热点的看法与见解，第一时间掌握学生思想动态，以社会主义核心价值观引导学生正确应对网络热点。

2. 强化主题活动策划意识。高职院校学生丰富多彩的校园文化生活是青春的印记与见证，结合迎接新生、新生军训、欢庆国庆、迎接新年、民俗节气、招生季、就业季、毕业季、艺术节、各类技能竞赛、文体活动比赛、学生党支部活动、学生班团会、科技讲堂等重要活动或节气时间点，将社会主义核心价值观培育贯穿于各网络平台主题活动的策划当中，坚持传播正能量，弘扬主旋律，力求有新意、有特色、有价值、有温度，形成一月一主题，一周一策划，做大做强主流思想舆论。可以通过“微党课”“正能量展播”“人物风尚”“精准扶贫”等栏目集中传播社会主义核心价值观，展示个人及集体先进事迹，为师生员工树立标杆，激发广大教师爱岗敬业、教书育人的责任意识，彰显广大学生勤奋学习、立志成才的家国情怀。

3. 增强推送内容吸引力。正确研判高职院校学生阅读水平与阅读习惯，特别是对社会主义核心价值观的认知与理解，结合网站、报刊、广播、电视、微博、微信、QQ公众号、抖音等网络平台的特点，倡导推送原创作品。高职院校宣传部门要配备专人负责各平台推送内容的策划、编排、审核和发布，抓住师生最感兴趣的事物，精心编排文稿、照片、视频等，推送展示高职院校特色的各类推文。鼓励高职院校学生们积极投稿，用文创、摄影、音频录制、剪辑视频等手段，结合对社会主义核心价值观的理解，做出适合大学生们阅读的推文。各网络平台不定期推送一些抽奖、转发、寻宝等有奖推文，增强内容的参与性，把更多的高职院校学生吸引到官方网络平台上来。

4. 主动适应网络特点。高职院校各网络平台要注重以高职院校学生的视角，富有想象力和创造力的思维，合理适当地使用网络语言，借用网络方式，使网络育人更具亲和力，更接地气。针对大学生喜欢网购这一特点，某高职院

校在招生宣传期间推送的一条微信推文，把综合各专业情况、师资力量、毕业生就业率等方面的评估结果，在淘宝网上注册虚拟店铺，以开淘宝店的形式，将几十个专业竞价销售，新颖的形式使传统的招生宣传焕然一新，也使得阅读者眼前一亮，主动点击观看，点进“原文阅读”，也能链接到淘宝网虚拟店铺，根据各专业教育教学取得的成效，进行网上竞拍。针对热播电视剧关注度高这一特点，很多高职院校在连续剧《都挺好》热播期间，推送了主题为“苏大强花式作”的微信推文，以苏大强要喝咖啡、要买房、要坐专车等爆笑情节为切入口，结合学校教育教学、人才培养、学生就业等方面成果，在轻松诙谐的话语中插配苏大强的漫画形象，推文主旨是只要苏大强敢提要求，学校都能满足，读者看完后大笑之余极大地加深了对高职院校人才培养和办学成果的认同与肯定。

5. 深耕校园精神沃土。高职院校要以传承和弘扬校园历史文化精神，践行校训为引领，围绕创建文明校园、文化活动品牌，融合传统文化、企业文化、专业文化、校友文化入校园，形成独具特色的环境文化、行为文化和制度文化，使之成为学院的一张靓丽名片。高职院校宣传部门有责任和义务，在这方肥沃的文化土壤里，搭建参与平台，开展道德讲堂、经典文化品牌推广活动、传统节日文化活动、重走长征路、传承弘扬“两路”精神等活动，以德育人，用视频、图片展示，用声音传递，用文字表达，深层次、多角度阐释、传播、弘扬社会主义核心价值观和独具特色的校园精神文化，满足师生精神文化需求，强化情感认同，营造德才兼备的学习风气。

第三节　开拓创新是提升高职院校社会主义核心价值观网络传播力的着力点

如何进一步掌握高职院校网络战场上的主动权，开拓高职院校新的网络互动方式，构建高职院校新的网络舆论引导格局并因势而变，充分结合网络特征与传统媒体优质资源加强社会主义核心价值观培育，从简单的“相加”到“相融”，实现共荣共赢，已迫在眉睫。

一、更新思想舆论引领，增强社会主义核心价值观传播力

富强、民主、文明、和谐是国家层面的价值目标，自由、平等、公正、法治是社会层面的价值取向；爱国、敬业、诚信、友善是公民个人层面的价值准则，这是社会主义核心价值观的基本内容。

习近平总书记2018年在全国宣传思想工作会议上强调，要抓好新形势下宣传思想工作，必须自觉承担起举旗帜、聚民心、育新人、兴文化、展形象的使命任务。习近平总书记的讲话为高职院校社会主义核心价值观网络培育工作指明了方向，助力增强社会主义核心价值观传播力。

1. 举旗帜，引领正确方向。党的十八大以来，以习近平同志为核心的党中央开创了意识形态工作崭新局面，主旋律更加响亮，正能量更加强劲，中国特色社会主义道路自信、理论自信、制度自信、文化自信得到彰显，主流意识形态的影响力、引导力、凝聚力不断增强。高职院校必须牢牢掌握党对意识形态的领导权、管理权和主导权，坚持用习近平新时代中国特色社会主义思想武装、教育师生，坚持培育和践行社会主义核心价值观，不断增强“四个意识”“四个自信”，营造风清气正的网络教育环境，推动各项工作特别是意识形态工作和大学生思想政治工作有序开展。

2. 聚民心，激发责任力量。高职院校要牢牢把握正确的舆论导向，颂扬主旋律，壮大正能量，做大做强主流思想舆论，以优秀党员、先锋模范、学生标兵的事迹为网络宣传重点，弘扬优秀教师树德立人、爱岗敬业、无私奉献的精神，宣传优秀学生踏实勤奋、刻苦钻研、努力学习的精神，为师生员工树立标杆，激发师生员工团结爱校的责任意识和勤勉向上的敬业精神，凝心聚力，以主人翁的姿态，增强责任感和使命感，以充满激情与力量的青春担当、青春奋斗融入高职院校的发展和祖国的建设之中。

3. 育新人，助力师生成长。高职院校要通过报刊、广播等传统媒体和微信、微博、抖音等新媒体平台，将社会主义核心价值观培育日常化、生活化、具体化、形象化，使其深入人心，引导师生自觉践行。注重传承和涵养工匠精神，培养学生对职业的敬畏、对技术的执着、对事业的忠诚，鼓励学生参加各级各类技能大赛，以赛促学，不断增强创新意识和实践能力。培养的高职大学生不仅要“技高”，能成为各行各业生产、建设、管理、服务一线的高技能、高水平人才，而且要“品端”，能具备良好的职业道德和思想素养，成为新时代合格的建设者和接班人。

4. 兴文化，弘扬校园精神。高职院校要注重“以文化人，以文育人”，以传承和弘扬校训精神为着力点，拓展社会主义核心价值观的网络培育内容，多渠道展示校园景观文化、楼道文化、宿舍文化、道路文化所蕴含的丰富的精神文化价值，邀约文化名人、先进教师和优秀毕业生代表编写介绍职业教育特色的优美文章、诗词歌赋，引经据典充分展示学院发展历程及办学理念，适时在网络宣传平台上发布，使其朗朗上口，易于师生阅读记忆，从而在潜移默化中传承弘扬高职院校精神。以创建文明校园建设为载体，坚持“内容为王”，用视频、图片展示，用声音传递，用文字表达，深度报道高职院校成绩、办学经验和先进典型，逐步形成独具特色的文化品牌，强化师生、校友和社会各界的情感认同。

5．展形象，提升社会影响。高职院校要落实新闻发言人制度，在发生重大事件或宣布重要成果时，举行新闻发布会，向媒体阐述事件经过及学校立场。坚持在微信、微博、网站等网络平台上第一时间发布准确、客观、权威信息，在电子报刊、校园电视、校园广播、抖音等发布经过后期整理、编辑的全面综合信息，维护新闻舆论环境的真实高效、清朗明净。努力适应网络受众特点和受众需要，建设新媒体联盟，形成矩阵，实现媒介聚合、导向一致、资源整合，极大提升网络宣传的高度、深度和融合度，及时创新传播载体和传播手段，进行分众化、多样化传播，不断扩大学院社会影响力。

二、创新网络阵地建设，增强社会主义核心价值观影响力

1．整合线上线下所有网络资源，建立融媒体中心。近年来，高职院校始终践行新时代大学生思想政治教育使命，牢固树立守土有责、守土尽责意识，建立起党委领导有力、宣传部门协调高效的网络思政教育工作机制，绝大多数高职院校设立了新媒体中心，很多院校创建了全媒体中心，网络思政教育有声有色，深受好评。随着互联网技术的迅速发展，高职院校全员、全过程、全方位的大思政格局的全面铺开，宣传部门亟须紧跟新时期融媒体时代前进步伐，打造网络思政教育的新阵地、新载体、新方式、新力量，整合线上线下所有网络资源，融合传统媒体与新兴媒体，建立融媒体中心。搭建具备采、编、录、剪、播等全功能的融媒体工作平台，采取“集中采集、多样生成、多渠道发布”的“中央厨房”工作模式，综合运用文、图、声、光、电等形式，可同时将图片、文字、音频、视频等内容，在学院网站、官方微信、官方微博、广播台、电视台、学院报、宣传栏等多个校园平台同时发布，实现媒介聚合、导向一致、资源整合，提升网络宣传思想政治工作的高度、深度和融合度，突出思政教育，引导主流思想舆论，传播正能量，使社会主义核心价值观网络培育效果倍增。

2．组建学院融媒体师生团队，精心做出育人盛宴。针对融媒体中心运营的高职院校网站、微信公众号、微博账号、广播台、电视台、学院报、宣传栏等多个校园平台，采用自荐、竞聘等方式组建学生融媒体工作团队，指定有新闻敏锐性、有写作能力、有专业能力、有管理水平的老师作为指导老师。建立

健全融媒体组织机构、管理制度、工作制度、培训制度、激励机制等，一方面，可以扩展社会主义核心价值观网络宣传触角、渠道和空间，做到贴近师生生活、贴近师生实际，提升网络宣传思想政治工作的时效性。另一方面，为实施素质教育搭建了新的载体，为学院学生提供一个实践及自我表现、自我展示、自我提升的大舞台。同时结合各平台的特点和优势，充分利用“中央厨房”，实现资源共享，合力完成采、摄、编、播的任务，精心做出有热度、有深度、有角度、有温度、有力度的社会主义核心价值观网络育人盛宴。

互联网普遍应用的今天，在网络育人中加强社会主义核心价值观培育已成为高职院校学生思想政治教育环节中十分重要的组成部分。在高职院校中重塑主流价值观任重而道远，我们应充分认识到网络环境的复杂性，不断增强网络培育主体的权威性，加大网络监管力度，高度重视网络文化建设，融合网络交流平台，传播有利于培育和践行社会主义核心价值观的思想、言论、信息，褒扬真善美、抵制假丑恶、集聚正能量，唱响社会主义核心价值观的主旋律。

下篇　实践篇

第六章　高职院校社会主义核心价值观班会设计案例

第一节　社会主义核心价值观“富强”主题班会设计案例

一、主题背景

富强、民主、文明、和谐是国家层面的价值目标，自由、平等、公正、法治是社会层面的价值取向；爱国、敬业、诚信、友善是公民个人层面的价值准则，这是社会主义核心价值观的基本内容。

富强即国富民强，是社会主义现代化国家经济建设的应然状态，是中华民族梦寐以求的美好夙愿，也是国家繁荣昌盛、人民幸福安康的物质基础。富强在社会主义核心价值观中具有重要意义。

二、班会主题

富强——国家的追求、国人的奋斗。

三、班会目标

1. 阐释国家和富强之间的关系。
2. 深刻学习领悟党的十八大首次提出的“富强”的意义。
3. 以班会的形式，唤醒当代大学生，国家富强、匹夫有责。
4. 一起见证国家的富强之路，为作为一名中国人而自豪。

四、班会重点难点

1. 班会重点。

一是让学生了解国家富强的意义。

二是让学生看到国家不断富强壮大的发展历程。

2. 班会难点。

国家富强离不开当代大学生，如何在大学生实践生活中践行。

五、班会准备

1. 班会所需物品提前三天准备齐全。购买物品所需的费用由生活委员用班费报销，报销必须有正规的发票，而且原则上不超过预算的支出费用。

2. 提前布置教室及黑板版面，营造浓厚的班会氛围。

3. 参加本次活动表演节目的同学，提前排练好节目。

4. 参与本次活动策划的同学，检查教室的多媒体及音响等。

六、班会流程

1. 全体负责人到班会所在教室集合、签到，并由此次活动策划人对今天活动做阐述。

2. 同学依次进场，纪律委员宣布会场纪律以及各项工作事项。

3. 所邀嘉宾及评委入席，主持人介绍嘉宾及评委。

4. 班会正式开始，主持人结合 PPT 开展活动。

5. 主持人播放相关新闻并进行有奖问答。

6. 主持人播放改革开放以来的纪录片并向同学提问。

7. 学生演讲——《国强民富》。

8. 学生小品《国家富强的重要性》。

9. 全体起立并奏唱《歌唱祖国》。

10. 班会活动结束，请辅导员和嘉宾离席，主持人宣布此次活动落下帷幕。

11. 班会结束班级人员打扫会场。

七、班会设计

1. 主持人播放关于社会主义核心价值观之富强的视频，并进行有奖问答。

2. 主持人播放《镜头里的风云变幻之改革开放》，同学们观看完后请同学们谈国家改革开放以来自己家乡的变化。

3. 由同学演讲《国强民富》，更深刻地帮助同学们理解我们国家为什么把富强放在社会主义核心价值观的首位。

4. 学生小品——《国家富强的重要性》，以此来表现我国以前在国际上的地位，对比现在我国在国际上的地位，更生动形象地反映了我国对于富强的阐述。

5. 全体奏唱——《歌唱祖国》，通过歌唱我们亲爱的祖国从今走向繁荣富强，同学们以发展中国经济为己任，建设好我们美好富强的祖国。

八、班会总结

只有改革开放才能让国家更富强。改革开放使中国的经济在几十年间取得了世界瞩目的伟大成就，中国从此走向了繁荣富强。从 1978 年到 2018 年，改革经历了 40 年的历程。这期间，中国人均 GDP 从当时的 50 美元增长到了 2017 年的 8600 美元。贸易和 GDP 规模方面，成为世界第二大经济体，第一大工业国、第一大货物贸易国、第一大外汇储备国，成为世界经济增长的主要稳定器和动力源。尤其是党的十八大以来，中国政府不断深化改革，跨越地域、国家提出一带一路发展战略，让中国的改革成果走出国门，带领周边国家地区一同走向富裕。改革开放成功的实践证明，改革开放是决定当代中国命运的关键抉择，是发展中国特色社会主义、实现中华民族伟大复兴的必由之路；只有社会主义才能救中国，只有改革开放才能发展中国、发展社会主义、发展马克思主义。改革开放让我们的国家富强起来。

只有改革开放才能让人民更富裕。40 年的时间里，党带领中国人民实现了伟大的历史跨越，从“站起来”“富起来”到“强起来”，中国的面貌焕然一新，人民生活发生着翻天覆地的变化。“楼上楼下、电灯电话”，40 年前不敢想的生活，今天我们绝大部分地区的老百姓已经把它变成了现实。琳琅满目的商品选择、方便快捷的支付手段、四通发达的物流网络、高速的出行工具，无一不在彰显着改革开放的成果已然浸透到了我们生活的方方面面。改革开放让人民更富裕，给亿万老百姓生活质量带来了实实在在的提升，不管衣食住行还是精神面貌都有了质的飞跃。

社会环境的复杂变化对大学生的思想、观念、行为等产生的深刻影响，结合教育改革和教育观念更新的要求，重视每一个大学生健全人格的发展，这就迫切需要社会主义核心价值观加以强有力地引导。只有用社会主义核心价值观影响大学生，才能使其明辨是非、引导他们正确树立人生观、世界观、价值观，才能使祖国未来的栋梁坚定信仰，为发展中国特色社会主义事业作出应有的贡献。

第二节　社会主义核心价值观“民主”主题班会设计案例

一、主题背景

社会主义核心价值观是社会主义核心价值体系的内核，体现社会主义核心价值体系的根本性质和基本特征，反映社会主义核心价值体系的丰富内涵和实践要求，是社会主义核心价值体系的高度凝练和集中表达。

党的十八大以来，中央高度重视培育和践行社会主义核心价值观 2017 年 10 月 18 日，习近平总书记在党的十九大报告中再次指出，要培育和践行社会主义核心价值观。要以培养担当民族复兴大任的时代新人为着眼点，强化教育引导、实践养成、制度保障，发挥社会主义核心价值观对国民教育、精神文明创建、精神文化产品创作生产传播的引领作用，把社会主义核心价值观融入社会发展各方面，转化为人们的情感认同和行为习惯。

四川交通职业技术学院汽车工程系汽车车身与维修专业 3 班学生积极践行社会主义核心价值观，全班围绕 24 字社会主义核心价值观中的“民主”开展了“民主与自由”的主题班会。

二、班会主题

当代大学生谈民主与自由。

三、班会目标

1. 能正确认识民主的含义。
2. 能叙述民主与自由的区别、联系、矛盾。
3. 能积极践行“民主”社会主义核心价值观。

四、班会重点难点

如何在民主和自由间取舍。

五、班会准备

1. 班会教室多媒体检查。
2. 主题班会黑板报设计，以及布置完成。
3. PPT 的制作。

六、班会形式

围绕“民主与自由”教育主题，采用专题讨论、代表演讲、专家点评等形式展开。

七、班会流程

1. 全体负责人下午 15：30 到班会所在教室集合，并由此次活动策划人对今天的活动做部署。

2. 15：55 同学依次进场，纪律委员宣布会场纪律并清点人数。

3. 16：00 主持人上台致辞，宣布班会开始。

4. 主持人介绍此次主题班会。

5. 16：05 针对民主与自由这个主题，自由讨论，列举生活中的鲜活案例。

6. 16：20 随机上台发表观点主题演讲。

7. 17：00 思政部特邀老师点评。

8. 17：10 辅导员总结。

9. 17：20 宣布主题班会结束，组织同学清扫教室 5S，有序离场。

八、班会设计

（一）班会导入

我们今天班会主要探讨当代大学生如何认识社会主义民主与自由。

（二）主题阐述

民主与自由关系密切，但不能等同。实行民主是为了保障自由，其本身也需要自由的辅助。公权利比私权利距离民主更近，民主选举、民主监督都不完全属于权力，而主要属于权利范畴。民主与自由可能和谐，也可能冲突，民主机制本身可能构成对自由和权利的压制，还可能造成多数人暴政。自由有时也可能妨害民主，如对个人权利的放纵使人们对民主选举、民主监督漠不关心，而失去分寸的自由也会使民主陷入僵局。

（三）你言我语

学生 A：上周，和几个朋友去吃饭，坐下来后，我说我点菜，几个朋友默然不语，等菜上了桌以后，他们觉得我点的菜不太符合他们的口味，纷纷抱怨。

学生 B：我来说个例子，有十个人，靠劳动获得合法收入，其中两个人赚了80块钱，另外八个人赚了20块钱。这种现象是自由的，收入的不均衡自然是由于人与人之间的先天与后天差异带来的。然后这十个人开会，研究决定调节收入差距，让高收入的两个人分出40块钱给其他人，这样两个高收入者的钱变成40块钱，其他人的钱变成30块钱。这样一来，无疑变得平均了，但它强制让高收入者分出自己一半的钱，限制了他们的自由。

（四）发言总结

团支书发言：民主与自由的区别

作为新时代的大学生，我们大家要知道，虽然民主与自由有密切关系，但民主不是自由，自由也不是民主，民主与自由是两个概念。

民主的主体是多数人（全体或大多数），自由的主体是个人；民主是众人为公共利益决策，如决定一项立法、决定某项公共设施的建设，民主属于权力范畴，自由属于权利范畴；民主姓“公”，自由姓“私”。

达尔教授在“民主是什么”的图示中列出了5项标准：有效的参与，投票的平等，充分的知情，对议程的最终控制，成年人的公民资格。其中“有效的参与”基本属于表达自由（让其他成员“知道”其看法），属于权利范畴，“投票的平等”是决定权（力），“充分的知情”属于知情权（利），“议程的控制”是程序性权力，“成年人的公民资格”是参与民主的权利主体之条件，因此只有“投票的平等”和“对议程的最终控制”完全属于“民主”的内容，其余三项基本上都是民主的条件，是权利问题而非权力问题。

副班长发言：民主与自由的联系

同学们，虽然民主和自由有区别，但是我们又知道民主需要自由，自由也需要民主，实行民主是为了保障人的自由，而民主本身又需要自由的辅助，总体上说，民主是手段，自由是目的。

自由是一个体系，涵盖了许多不同的自由，其中有些自由与民主关系密切，有些与民主关系疏远，前者如选举权、言论自由、集会自由、监督权等，它们基本属于公权利的范畴，后者如人身自由、劳动权、救济权、人格权等，它们大体属于私权利的范畴。

公权利基本可以概括为选举权和监督权。公民拥有言论自由，但言论自由只是“讨论”公共事务，并不能“决定”公共事务，公民的意见可以极大地影响公共决策，公共决策要充分考虑民意，但公共决策通常是政府作出的，而不是公民作出的。

如果说公权利与民主有密切关系，它更多地体现了权利者的“意志性”，那么私权利则更多地体现了权利者的“利益性”，它们与民主关系较为疏远，大多表现为一种间接关系，如公民的受教育权落实得越充分，越有利于民主的实现；公民的就业越有保障，信仰越自由，人身越安全，参与民主的积极性就可能越高。

学习委员发言：民主与自由的矛盾

同学们，我们了解了民主与自由有和谐的一面，同时也有矛盾的一面，如民主有时可能压制自由，自由有时也可能妨害民主。

民主的机制是对自由和权利的制约，如每个人都有发表意见的自由，但当我们的意见分成几派时，一群人的意见由这群人的代表来表达，而不可能（也没必要）让这群人中的每一个人都做内容重复性的发言。

（五）思政老师点评

同学们要发扬主人翁精神，规划好自己的学习、生活和以后的工作。将国家、人民、组织和他人的要求转化为自觉行动，使之成为自己终生难忘的经历，并从中吸取成长营养。民主还要求同学们首先运用协商的方法解决学习、生活和工作中的大多数问题，加强团结各方面的力量才能凝心聚力。希望同学们正确取舍民主与自由，积极践行社会主义核心价值观。

（六）践行承诺

大学生，要懂得尊重别人，即使我们与别人的观点针锋相对，立场不可调和，我们也不能彼此侵犯对方的基本人权，如生命、自由、财产，不能将对方置于死地而后快，不能动用专政手段而只能协商、谈判，一次协商不成就两次、三次、四次，一时谈判无果就不断地、长期地谈下去，必要时各方都要让步，习惯于反省自己，虚心接纳不同的意见，兼容并蓄，为建设和谐社会贡献一份力。

九、班会总结

民主需要有秩序的自由和参与，需要法治下的选举和监督，当自由失去法律的约束而被滥用时，自由就演变为任性，这种任性的自由一旦进入权力领域，就会妨害民主。我们在今后的学习中要正确处理民主与自由的关系，做到取舍得当。

第三节　社会主义核心价值观“文明”主题班会设计案例

一、【主题背景】

社会主义核心价值观是社会主义核心价值体系的内核，体现了社会主义核心价值体系的根本性质和基本特征，反映社会主义核心价值体系的丰富内涵和实践要求，是社会主义核心价值体系的高度凝练和集中表达。

党的十八大报告强调指出：“倡导富强、民主、文明、和谐，倡导自由、平等、公正、法治，倡导爱国、敬业、诚信、友善，积极培育和践行社会主义核心价值观。”这一论述明确了社会主义核心价值观的基本理念和具体内容，指出了社会主义核心价值体系建设的现实着力点，是对社会主义核心价值体系建设的新部署、新要求。正确理解社会主义核心价值观的内涵，深刻把握积极培育和践行社会主义核心价值观的重要性，对于推进社会主义核心价值体系建设，用社会主义核心价值体系引领社会思潮、凝聚社会共识，具有重要的理论意义和实践意义。

四川交通职业技术学院汽车工程汽车营销与服务专业系 4 班积极践行社会主义核心价值观，全班围绕 24 字社会主义核心价值观中国家层面中的“文明”召开主题班会。

二、班会主题

围绕文明谈当代大学生的感受和观点。

三、班会目标

1. 能正确认识主题中文明的含义。
2. 让同学们深刻领悟社会主义核心价值观的内涵，懂得价值观的重要性，初步树立社会主义核心价值观。
3. 能积极践行本次班会中所讲到的社会主义核心价值观。

四、班会重点难点

1. 深刻认识社会主义核心价值观中“文明”的价值体现。
2. 以班会的形式，对标学生个人，增强当代大学文明意识，提升思想认识，但对大学生是否践行难以考量。

五、班会准备

1. 检查班会教室多媒体是否能正常使用；
2. 提前布置黑板主题班会设计图；
3. 提前通知同学们搜集富强、文明相关素材，并做好主题演讲准备。

六、班会形式

围绕“文明”教育主题，采用专题讨论、代表演讲、专家点评等形式展开。

七、班会流程

1. 全体负责人下午14：00到班会所在教室集合，并由此次活动策划人对今天活动做部署。
2. 14：30同学依次进场，纪律委员宣布会场纪律并清点人数。
3. 14：35主持人上台致辞，宣布班会开始。
4. 主持人介绍此次主题班会。
5. 14：40针对民主与自由主题，自由讨论，列举生活中的鲜活案例。
6. 14：55随机上台发表观点主题演讲。
7. 15：00思政部特邀老师点评。
8. 15：10辅导员总结。
9. 15：20宣布主题班会结束，组织同学清扫教室，有序离场。

八、班会设计

（一）班会导入

中国是文明古国。中华民族一直以拥有五千多年的灿烂文明而自豪，礼仪之邦、君子之风，中国人是文明子孙，具有文明素养。

（二）主题阐述

追求文明，反对愚昧和野蛮；崇尚科学，反对迷信，是五四新文化运动以来中国的先进分子所孜孜以求的。在中国共产党的领导下，建设一个高度发达、高度文明的国家，一直就是中国人民革命和建设的主要目标。

文明，对于一个国家来说，意味着高度繁荣的文化、高度自觉的精神；对于一个社会来说，意味着良好的秩序、优美的环境、淳朴的风气，人与人之间诚信友善；对于每一个公民来说，意味着比较高的精神文化修养，从言谈举止到内在心灵都很美好。这样的文明境界，值得我们每一个人去不懈追求。

（三）你言我语

1. 讲述身边不文明事件。

虽然我们已经进入了一个文明的时代，但是在我们身边仍然有很多不文明的行为发生。

2018 年 9 月东莞发生了一起恶性酒驾撞人事件，司机庞某酒驾撞人致死，而后继续逃逸，在逃跑的路上，又撞人致伤。此类不文明行为，举不胜举，层出不穷

总有一些人在公共区域吸烟，完全不顾及别人的感受，而且乱扔烟蒂。

发生在我们身边不文明的现象太多太多。

2. 十大不文明行为。

(1) 乱丢垃圾、乱倒污水、随地吐痰。

(2) 乱穿马路、闯红灯、翻交通护栏。

(3) 乱停乱靠、乱鸣喇叭、随意掉头。

(4) 说脏粗话、袒胸赤膊、随意吸烟。

(5) 酒后驾车、驾驶时打电话、抽烟。

(6) 占道经营、私搭滥建、乱牵乱挂。

(7) 践踏花草、破坏绿化、损坏公物。

(8) 在公共场所吵闹喧哗、插队抢座。

(9) 乱涂乱贴乱画。

(10) 抹牌赌博、酗酒滋事、扰乱治安。

（四）发言总结

团支书发言：社会主义核心价值观国家层面中的文明

文明是一种特定的价值目标和乌托邦理想，比如自由、民主、平等、公正，等等，这些都是现代文明的普遍价值。文明是伦理、道德的价值理想。

文明为现代化提供了精神与制度的价值与意义，并以此发展出现代的心灵秩序与政治秩序。缺乏富强的现代性是一种虚弱的、贫乏的道德乌托邦，而没有文明的现代化则是可怕的、具有内在破坏力的蛮力。

学习委员发言：何谓文明

中国的强国梦，除了富强之外，另外一个就是文明。严复、梁启超发现西方之所以强盛、日本之所以可以打败清政府，除了富强之外，另外一个秘密武器就是文明。西方的现代文明比传统的中华文明更先进，文明也因此成为他们的一个理想。

（五）精彩一刻

汇报以文明为主题的实践成果。（以班级为单位，分成四个小组，展开关于文明为主题的社会实践活动。发现身边的文明与不文明现象，用照片和视频进行记录，在本次班会中作为展示。）

A小组汇报中说到，他们小组在学校周边进行实践调查，主要集中在人行横道、大学校园等人流量较多的地方进行调研。通过周六、周天的实践调查，大学生都能根据红绿灯的指示通过斑马线，调查两天只有三人，在没有车通过的情况下，闯红灯通过人行横道。在大学食堂内，没有乱扔垃圾的情况发生。

小组在不同地方、不同时间点调查发现，人们身边仍然会有一些不文明的现象发生，比如有一小组前往医院进行调查，在长长的排队挂号中，有很多人就会不遵守规矩，直接排到前排去。

根据四组的汇报，我们通过这次班会给予A组优秀实践小组的称号，并颁发奖品。

（六）思政部老师点评

管仲说："善气迎人，亲如弟兄；恶气迎人，害于戈兵。"诸葛亮说："夫君子之行，静以修身，俭以养德，非少数派无以明志，非宁静无以致远。"古人告诉我们太多道理，文明需要从自身做起，从身边的小事做起。从心、从行，做到文明，做一名文明的大学生。

（七）践行承诺

昨天已经成为过去，今天在我们手里，明天需要我们去创造。作为新时代的我们正值青春年华，处于成长、求学、认知、创造奇迹的黄金时期。因此，我提议从今天开始，从现在开始，树立远大志向，勤奋学习，顽强拼搏，锻炼体魄，完善人格，为中华之富强、崛起而努力读书！

"坐地日行八万里，巡天遥看一千河"，"一万年太久，只争朝夕"，让我们不负这美好的大学时代，为祖国的繁荣富强，为伟大复兴的中国梦，为我们燃烧的青春岁月，奔跑吧，亲爱的同学们！

九、班会总结

今天，我们通过专业讨论、专题演讲等形式，呈现了一场内容丰富、形式多样的主题班会，每一名学生应该都有所感触，一个国家需要无数的人民共同去维护，以我之心爱我祖国，以我之心敬我本业，继承中华文明，弘扬传统文化，不是一句空泛的口号，要求我们每个人恪尽职守、勤奋进取；要求我们文明守纪、努力求学；我们有责任将伟大的中华文明，一代一代传承下去，并在新的世纪里不断发扬光大！

第四节　社会主义核心价值观“和谐”主题班会设计案例

一、主题背景

社会主义核心价值观是社会主义核心价值体系的内核，体现社会主义核心价值体系的根本性质和基本特征，反映社会主义核心价值体系的丰富内涵和实践要求，是社会主义核心价值体系的高度凝练和集中表达。

党的十八大以来，中央高度重视培育和践行社会主义核心价值观。习近平总书记多次作出重要论述、提出明确要求。中央政治局围绕培育和弘扬社会主义核心价值观、弘扬中华传统美德进行集体学习。中共中央办公厅下发《关于培育和践行社会主义核心价值观的意见》。党中央的高度重视和有力部署，为加强社会主义核心价值观教育实践指明了努力的方向，提供了重要的法则。面对世界范围思想文化交流交融交锋形势下价值观较量的新态势，面对改革开放和发展社会主义市场经济条件下思想意识多元多样多变的新特点，积极培育和践行社会主义核心价值观，对于巩固党的指导地位、巩固全党全国人民团结奋斗的共同思想基础，对于促进马克思主义在意识形态领域发展、引领社会全面进步，对于集聚全面建成小康社会、实现中华民族伟大复兴中国梦的强大正能量，具有重要现实意义和深远历史意义。

从适应国内国际大局深刻变化看，我国正处在大发展大变革大调整时期，在前所未有的改革、发展和开放进程中，各种价值观念和社会思潮纷繁复杂。国际敌对势力正在加紧对我国实施西化分化战略图谋，思想文化领域是他们长期渗透的重点领域。面对世界范围思想文化交流交融交锋形势下价值观较量的新态势，面对改革开放和发展社会主义市场经济条件下思想意识多元多样多变的新特点，迫切需要我们积极培育和践行社会主义核心价值观，扩大主流价值观念的影响力，提高国家文化软实力。

二、班会主题

社会主义核心价值观之“和谐”。

三、班会目标

1. 用社会主义核心价值观引领班上同学的思潮、凝聚社会共识。加强社会公德、职业道德、家庭美德、个人品德教育，形成修身律己、崇德向善、礼让宽容的道德风尚。

2. 班会以侧重社会主义核心价值观中的“和谐”为主题，使学生能深刻认识和正确理解“和谐”的概念和内容，在了解社会主义核心价值观、“一带一路”等热点知识的同时，重视国与国、人与自然、人与人之间的和谐关系，并在班级中形成团结互助的良好风气。

四、班会重点难点

1. 选取恰当案例导入，将抽象概念具体化，坚持联系实际与改进创新并行，运用同学们喜闻乐见的方式开展班会，增强主题吸引力，切实保证班会达到预期效果。

2. 注重活动形式的多样性，吸引每一位学生参与到班会的准备、设计、总结等过程中，强化学生在班会活动中的主体意识。

五、班会准备

1. 班会负责人就“和谐”主题进行班会形式、活动内容、活动方式进行构思，确定活动各环节的负责人、主持人。如合班开展班会，确定班级分工。

2. 确定活动各环节事项是否准备妥当，如主次串词、视屏音频、文字素材等。

3. 所需物品须在活动开始前三天准备妥当，购买物品费用由班费开销，且费用支出原则上不超过预算。

4. 班会负责人提前确定班会教室，并检查教室的多媒体设备是否能正常使用。

5. 班会当天，提前布置教室，营造浓厚班会主题氛围。全体学生提前十分钟到达班会教室。

六、班会形式

故事讲述、观看视频、有奖竞猜、朗诵、合唱。

七、班会流程

1. 班会负责人提前半个小时到教室，布置教室。

2. 班级同学提前十分钟依次进场，纪律委员宣布会场纪律并清点人数。

4. 开展班会第一板块——“国与国的和谐”。环节：讲述国家故事“一带一路”，观看视频，与外籍学生合诵诗歌。

5. 开展班会第二板块——“人与自然的和谐”。环节：观看视频、有奖竞答。

6. 开展班会第三板块——“人与人的和谐”。环节：交换小卡片。

7. 践行“和谐”。环节：总结班会主题、学生代表发言、全班大合唱《相亲相爱一家人》。

8. 点评与总结。

9. 班会结束，清扫活动场地。

八、班会设计

（一）班会导入与主题阐述——什么是“和谐”？

设计思路：由男女主持人通过案例指出“和谐”无处不在，引出“和谐”由来及意义，从而展开本次班会的三大模块。

开展形式：讲述、观看 PPT 案例。

本节内容

男：《左传》曰：“如乐之和，无所不谐。”

女：《礼记》载“讲信修睦”“天下为公”。

男：尊敬的老师们，

女：亲爱的同学们，

（合）大家好！

男：这里是 17 级××试点班社会主义核心价值观之——“和谐”主题班会。

女：我是主持人同学 A。

男：我是主持人同学 B。

女：我想大家一定都不会忘记 2008 年北京奥运会开幕式中，那个巨大的“和”字。我们坐动车时，车上的广播会提醒乘客：欢迎乘坐和谐号动车组，那“和谐”出自哪里呢？

男：据史料记载，西周末年思想家史伯说：“和实生物，同则不继。”意思是，不同的事物只有彼此和谐才能产生世间万物。史伯的这种观点代表了我国古代的一种朴素的前进发展观，这是在3000多年以前。

女：“和谐”早已渗透到我们生活的点滴之中，小到柴米油盐，大到国与国之间的合作发展，甚至人与自然的共生关系。

男：那到底什么是“和谐”？我们为什么要把“和谐”作为社会主义核心价值观的主要内容？我们该怎样培养和践行和谐的社会主义核心价值观呢？今天的班会将带领大家一起探讨。

（二）“和谐”班会第一板块——国与国的“和谐”

设计思路：讲述国家故事、观看小视频，向同学们介绍社会主义核心价值观“和谐”的代表性倡议“一带一路”，邀请老挝（“一带一路”沿线国家）的留学生一起朗诵诗词，展现国与国之间的和谐。

开展形式：讲述、播放视频资料、与外籍学生合作朗诵。

活动具体内容文字材料：

朗诵《和谐》

和谐，是一种优美的轻音乐，她让我们心平气和。

和谐，是一种无声的创造力，她让我们创造奇迹。

和谐，是一种伟大的爱，她不会偏袒某个人。

我们每个人需要和谐，和谐使我们可以安静地学习和工作。

我们的企业需要和谐，和谐使企业更稳定更快的发展。

我们的爱更需要和谐，爱的和谐使我们的社会更加文明。

可以看见：

孩子脸上的笑是和谐，企业平稳是和谐，社会四化是和谐。

是和谐，给了我们美好与幸福。

是和谐，给了我们平稳过渡。

是和谐，给了我们温暖的环境。

我们需要和谐，和谐更需要我们！

（三）“和谐”班会第二板块——人与自然的“和谐”

设计思路：首先观看环境污染的视频，引发学生的反思，凸显人与自然和谐相处的重要性，通过知识竞答学习和巩固关爱自然的相关知识，答对赠送精美小盆栽，激励学生广泛参与。活动奖品选择绿色植物，呼吁学生用心养护。

开展形式：观看视频、有奖竞答。

有奖竞答选择题：

1. 世界环境日是哪一天？　（ C ）

A. 5月21日 B. 3月12日

C. 6月5日 D. 10月8日

2. 中国沙漠总面积是多少? (D)

A. 8.55万平方公里 B. 23.85万平方公里

C. 78.4万平方公里 D. 130.8万平方公里

3. 下面选项中哪一个不是威胁人类生存的全球十大环境问题? (B)

A. 全球气候变暖 B. 人口持续增长

C. 酸雨蔓延 D. 水体污染

4.2018年世界地球日中国主题是什么? (A)

A. 珍惜自然资源,呵护美丽国土——讲好我们的地球故事。

B. 善待地球——从身边小事做起。

C. 为了地球上的生命——拯救我们的海洋。

D. 保护环境、持续发展、公众参与。

5. 最新修订的《中华人民共和国环境保护法》从哪一天开始实施的? (C)

A. 2014年4月24日 B. 2014年8月12日

C. 2015年1月1日 D. 2015年4月24日

(四)“和谐”班会第三板块——人与人的“和谐”

设计思路:人与人和平共处、团结互助是公认的理想关系,良好的人际关系也是学生们希望获得的宝贵财富。“和谐”班会由“国与国”“人与自然”的宏观话题转入“人与人”的微观话题,通过互动环节,将自己的心里话、赞美之词、希望之语写在小卡片上送给班上的任何一位或几位同学,增进学生之间的友谊,营造和谐的班级氛围,提高班级凝聚力。

开展形式:卡片交换。

(五)践行承诺

设计思路:班会通过三个板块,即“国与国”“人与自然”“人与人”之间“和谐”的活动展示,最终落实于践行社会主义核心价值观上。在此环节,主持人讲述该如何践行,并请学生代表各抒己见,谈谈自己的看法。最后以领唱加齐唱的方式,全班大合唱弘扬“和谐”主题的歌曲《相亲相爱的一家人》,在歌声中,本次班会结束。

开展形式:讲述、学生代表发言、合唱。

活动具体内容文字材料:

《相亲相爱的一家人》歌词选段

（女）我喜欢一回家就把乱糟糟的心情都忘掉，
（女）我喜欢一起床就带给大家微笑的脸庞，
（男）我喜欢一出门就为了个人和世界的美好打拼，
（女）我喜欢一家人梦朝着同一个方向创造。哦！
（女）当别人快乐时好像是自己获得幸福一样，
（女）当别人受伤时我愿意敞开最真的怀抱，
（男）当别人生气时告诉他就算观念不同不必激动，
（男）当别人需要时我一定卷起袖子帮助他。
（女合）因为我们是一家人，
（男合）相亲相爱的一家人，
（合）有缘才能相聚，有心才会珍惜，
（合）何必让满天乌云遮住眼睛。
（女合）因为我们是一家人，
（男合）相亲相爱的一家人，
（合）有福就该同享，有难必然同当，
（合）用相知相守换地久天长。
（男）处处为你忧心，一直最忧我情，
（男）请你相信这份感情值得感激，哦
（女合）因为我们是一家人，
（男合）相亲相爱的一家人，
（男）有缘才能相聚，有心才会珍惜，
（男）何必让满天乌云遮住眼睛。
（合）因为我们是一家人，
（男合）相亲相爱的一家人，
（合）有福就该同享，有难必然同当，
（合）用相知相守换地久天长。

九、班会总结

班会从“国与国”“人与自然”“人与人”三个大的方面阐述了“和谐”价值观，体现了国与国之间要和平共处、共赢发展的要求；人要遵守自然规律，爱护保护环境，杜绝环境污染，爱护我们赖以生存的家园；人与人之间要团结友爱，真诚相待。多方面揭示了“和谐”的主题，人人皆和谐，事事皆和谐。在活动形式设计方面，较为多样，将讲述、观看视频案例、有奖竞答、朗诵、合唱等方式相结合，尤其在奖品选取、与留学生合作朗诵上可见构思新颖巧妙，能够有效吸引学生兴趣。同时，本次班会强调了共同参与班会的理念，从班会设计、准备、活动、归位上都安排不同负责人组织推进，活动如有奖竞答、发言、合唱等都扩大了学生参与面，有效锻炼了学生的组织能力，起到了良好的教育意义。

第五节　社会主义核心价值观“自由”主题班会设计案例

一、主题背景

党的十八大报告强调指出：“倡导富强、民主、文明、和谐，倡导自由、平等、公正、法治，倡导爱国、敬业、诚信、友善，积极培育和践行社会主义核心价值观。”这一论述明确了社会主义核心价值观的基本理念和具体内容，指出了社会主义核心价值体系建设的现实着力点，是对社会主义核心价值体系建设的新部署、新要求。

正确理解社会主义核心价值观的内涵，深刻认识、把握，积极培育和践行社会主义核心价值观的重要性，对于推进社会主义核心价值体系建设，用社会主义核心价值体系引领社会思潮、凝聚社会共识，具有重要的理论意义和实践意义。

2017 年 10 月 18 日，习近平总书记在党的十九大报告中指出，要培育和践行社会主义核心价值观。要以培养担当民族复兴大任的时代新人为着眼点，强化教育引导、实践养成、制度保障，发挥社会主义核心价值观对国民教育、精神文明创建、精神文化产品创作生产传播的引领作用，把社会主义核心价值观融入社会发展各方面，转化为人们的情感认同和行为习惯。

二、班会主题

社会主义核心价值观之“自由”。

三、班会目标

1. 根据学生的接受能力和认知特点，选择有代表性的事情，使学生初步了解什么是“自由”。

2. 自由是在一定限制下的“自由”。

3. 学生参与班会主题讨论，思考“自由”对于个人的意义，在活动中思考如何从自身出发追求正确的“自由”。

四、班会重点难点

1. 通过班会设计，学生理解了社会主义核心价值观中的“自由”。

2. 引导学生从自身出发思考什么是“自由”，怎样获得正确的“自由”。

3. 引导学生在日常学习生活中自觉实践社会主义核心价值观中的“自由”，提高自身思想政治素质。

五、班会准备

1. 制作主题班会 PPT。
2. 下载“自由”的视频等。
3. 课本剧表演。
4. 讨论什么是“自由”。

六、班会形式

讲述、表演、视频、讨论、唱歌、总结。

七、班会流程

1. 讲述社会主义核心价值观，提出班会主题。
2. 课本剧的表演。
3. 学生观看视频。
4. 提出问题、分组讨论。
5. 学生分组讨论并作答。
6. 歌唱“自由”。
7. 思政课教师总结点评。
8. 班会结束。
9. 打扫教室卫生。

八、班会设计

（一）班会导入

追求自由是人们从古至今亘古不变的向往，个人拥有自由，才能真正成为其人。党的十八大提出了 24 字社会主义核心价值观，“自由”就包含其中，“自由、平等、公正、法治”，是对美好社会的生动表述，也是从社会层面对社会主义核心价值观基本理念的凝练。它反映了中国特色社会主义的基本属性，是我们党矢志不渝、长期实践的核心价值理念。作为在校的高职大学生，大家是如何理解社会主义核心价值观的“自由”，又是怎样正确追求“自由”的呢？

（二）主题阐述

阐述本次班会背景。

党的十八大提出社会主义核心价值观：

倡导富强、民主、文明、和谐，

倡导自由、平等、公正、法治，

倡导爱国、敬业、诚信、友善。

引出本次班会主题：

践行社会主义核心价值观，追求正确的“自由”。

（三）你言我语

学生表演课本剧《我向往的自由》

第一场：【在学校】人物：三个男同学，两人扮演两个逃课的同学、一人扮演商店老板。

文龙：（伸懒腰站起来）哎呀，终于下课了！阿周，现在是第几节课了？

阿周：你才睡醒呀！现在都是第四节课下课了。

文龙：下节课是什么课？

小李：下节啊。我看看，下节是讨厌的英国老鼠。

文龙：走，下节课不上了，我们去玩一节课吧。

阿周：不好吧，万一让老班晓得怎么办？

文龙：怕什么，老班已经回家了，她不会知道的！

阿周：那好吧，走。（两人攀肩膀走）

文龙：（两人到了商店）老板，来两包瓜子！

老板：好咧，给你，（递瓜子）你们不去上课啊？

文龙：懒得去上，这节课是自由课，哪，给钱给你，不用找了。（跷起二郎腿，拆开瓜子，吃瓜子）

老板：你们不怕被老师知道啊？

阿周：老师已经回家了，他不会知道的。

老板：那随便你们吧，还想吃什么就跟我说。

文龙：那再拿两瓶红牛来。（喝着红牛）哎呀！在商店自由的感觉就是比教室好。

阿周：就是啊，不用上课被老师点名回答问题，也不用背像蚊子一样的英语单词。

文龙：是啊，外面的空气都好了许多。

老板：下课了，你们还不回家啊？

文龙：阿周，走，回家了。这节课过得真舒服啊！

第二天：（又来到了商店）

文龙：老板啊，早晓得昨天听你的话就好了，今天被老班骂得头都臭了。

老板：呵呵，这回你们完了吧！你完了吧！

阿周：唉，晓得听你的就好了。

第二场：【在家里】人物：三个女同学，分别扮演周末自由在家玩的同学。

小倩：（打电话）喂，小丽呀，快叫上小红一起到我家来玩吧！我爸妈今天不在家，我们好好自由地疯玩一天吧！

小丽：（在另一边接电话）好咧！20分钟后准时到！

（小丽、小红敲门）（小倩前去开门，三人拥抱在一起并大声说）

三人：耶，我们今天是自由的公主了！我们可以自由自在开心地玩了！那我们玩什么呢？……就让我们先来一场卡拉OK演唱会吧！（《小苹果》音乐响起来）

三人：（三人拿书当话筒跟着音乐节奏唱起来）你是我的小呀小苹果，怎么爱你都不嫌多，红红的小脸儿温暖我的心窝，点亮生命的火，火火火火……

（三人累得瘫坐在板凳上）

小倩：唉，玩了一天，真累呀！不过，这样自由自在的生活还真是好！

小红：是啊，如果天天都能这样自由自在的，那该多好呀！

第三场【在社会上】人物：三个同学扮演去海边度假的游客。

小明：啊！海南的风景真是美呀！你看，阳光、沙滩、海浪、贝壳，还有这带着咸味的海风，如果天天在这里生活，让我少活十年我都愿意。

小吴：是啊，有位诗人不是说过："生命诚可贵，爱情价更高；若为自由故，两者皆可抛！"自由是我们最高的人生追求！

小张：你们看，远看大海的尽头有群海鸥正向我们飞来呢！

小明：看，那边的那些孩子玩得多开心呀！

小吴：你们看，那边的那对情侣多么甜蜜呀！

小张：走，我们也到海里去潇洒"游"一回！

三人：走！

（四）自由讨论

1. 播放《厉害了我的国》经典片段和社会主义核心价值观沙画作品，展示人们对“自由”的向往。

2. 根据观看课本剧和视频的感受，分组讨论：如何理解社会核心主义价值观的“自由”？大学生应该如何追求“自由”？由组长收集组内意见作答。

（五）发言总结

学生A：“自由”是每一个人都向往的，是人们学习、生活的终极目标，在追求“自由”的道路上，有些人一帆风顺，而更多的人会经历千辛万苦。我也是芸芸众生中的一人，现在正通过努力学习追求属于我的“自由”，我想目前我能做到的就是扎实学习文化知识、熟练掌握实践技能技术，为找到一份好的工作不懈努力。

学生B：我认为社会主义核心价值观的“自由”既是人的权力也是人的义务，马克思就曾说过：“我们的目的是要建立社会主义制度，这种制度将给所有人提供真正的自由。”我所理解的就是只有社会主义才能实现真正的自由。作为社会主义国家——中国的国民，我感到非常的荣幸和自豪，我们的党会带领大家实现自由。当然，我们也不能懈怠，我们更要努力地让自己更快地实现自由。在追求自由的道路上，可能有腐败、有放纵、有利益、有陷阱，但我们要坚定自己的理想信念，有担当、敢于追求，找到我们向往中的自由。

学生C：从原始社会发展至今，可以看成是人类追求自由的发展史：远古时代的人，为了实现食物自由，发明了捕杀和蒸煮动物的工具、种植了粮食、使用了火；古代的人，为了实现精神自由，创作了诗词歌赋，中意于烧香点茶挂画插花；现在的人为了追求更自由的物质生活和精神生活，技能的革新和科技的创新必不可少，作为高职大学生的我们，是社会建设的中流砥柱，只有学到过硬的专业技术知识，掌握一技之长才是我们将来实现“自由”的基础。

（六）思政教师点评

本次班会同学们通过课本剧表演、视频播放、分组讨论等多种形式，展现了“自由”的意义，诠释了高职大学生应该怎样正确追求“自由”。“自由”是什么？就是人们想要不被束缚地实现自己想法的意识。有人说，自由就是随心所欲想干什么干什么。其实自由是不想干什么就可以不干什么。我们从原始人逐渐进化到现在，从四肢爬行到双脚站立，从车轮到飞机，都是在追求着本能的自由，也许是出于对蓝天的渴望或者未知，而相应的更高程度的自由也需要更高强度的渴望，“若为自由故，爱情皆可抛”，就是因为自由是我们的本质。世界上没有绝对的自由，自由都是相对的。对于自由除了要看到自己内在的野性冲动，还要受制于法治社会的公平，如此平衡下，才能看到自由的脸。就像孔夫子说过的，从心底的想法出发，但是不能逾越规矩和法度。

（七）践行承诺

播放有关社会主义核心价值观——自由的歌曲：

《自由颂》《自由歌》《铁窗泪》

践行承诺：遵守纪律、拥抱自由！

九、班会总结

马克思主义中的自由是一种集体自由，这与西方的主流理论有很大的不同，西方更多强调的是个人的自由，马克思主义自由是个人与集体自由的高度统一。

强调自由是在不侵害别人的前提下按照个人意愿行事，与他人无关的事情，你有权自己决定，而有关的事情，必须要服从不侵害的前提，这是实现自由需要满足的大前提。这时候我们所说的自由也就是人类发展的最高追求，从国家的角度而言，需要激活人们自由创造的热情和动力，大力发展民主政治，加强法治。

第六节　社会主义核心价值观“平等”主题班会设计案例

一、主题背景

党的十八大提出，倡导富强、民主、文明、和谐，倡导自由、平等、公正、法治，倡导爱国、敬业、诚信、友善，积极培育和践行社会主义核心价值观。富强、民主、文明、和谐是国家层面的价值目标，自由、平等、公正、法治是社会层面的价值取向，爱国、敬业、诚信、友善是公民个人层面的价值准则，这24个字是社会主义核心价值观的基本内容。

“富强、民主、文明、和谐”，是我国社会主义现代化国家的建设目标，也是从价值目标层面对社会主义核心价值观基本理念的凝练，在社会主义核心价值观中居于最高层次，对其他层次的价值理念具有统领作用。它是社会主义现代化国家在社会建设领域的价值诉求，是经济社会和谐稳定、持续健康发展的重要保证。

“自由、平等、公正、法治”，是对美好社会的生动表述，也是从社会层面对社会主义核心价值观基本理念的凝练。它反映了中国特色社会主义的基本属性，是我们党矢志不渝、长期实践的核心价值理念。它通过法制建设来维护和保障公民的根本利益，是实现自由平等、公平正义的制度保证。

“爱国、敬业、诚信、友善”，是公民基本道德规范，是从个人行为层面对社会主义核心价值观基本理念的凝练。它覆盖社会道德生活的各个领域，既是公民必须恪守的基本道德准则，也是评价公民道德行为选择的基本价值标准。友善强调公民之间应互相尊重、互相关心、互相帮助，和睦友好，努力形成社会主义的新型人际关系。

二、班会主题

平而后清，清而后明。

三、班会目标

1. 引导学生初步形成平等待人、尊重他人、尊重社会、尊重大自然的观念，从而培养具备这些方面的良好品质。

2. 学生通过参与各种形式的活动，对社会主义核心价值观的“平等”有更深层次的了解。

3. 学生懂得只有待人平等，社会才会变得安定，世界才会变得美好，人与人之间的相处才能变得更加和谐。

四、班会重点难点

1. 通过班会设计，学生理解社会主义核心价值观中的“平等”。

2. 引导学生从自身出发，思考什么是“平等”，怎样做才能获得真正的“平等”。

3. 引导学生在日常学习生活中自觉实践社会主义核心价值观中的“平等”，提高自身思想政治素质。

五、班会准备

1. 主题班会要适合大学生年龄特点、寓思想教育于生动活泼的形式之中。

2. 采取丰富多彩的活动形式开好主题班会，只有多样化，才能适应大学生的特点，为他们所喜闻乐见，满足他们求知、增长才干、抒发思想感情、关心时事政治和走向社会。

3. 主题班会的策划与实施，离不开教师的指导，但更重要的是发动学生，使学生成为班会的主人，充分发挥学生的主体作用。总结中善于“借题发挥”，点到实质，“举一反三”，以教育多数学生。同时还要搞好“追踪教育”，以深化主题和巩固成果。

六、班会形式

采用各种文体性的表演活动的形式，如小故事、朗诵、视频等。

七、班会流程

1. 纪律委员清点班上人数，宣布会场纪律，请全体人员把手机关掉或将其调为静音。

2. 主持人开场白，欢迎嘉宾的到来，宣布班会开始。

3. 观看视频《社会主义核心价值观之“平等”》，同学们发言谈谈自己的想法。

4. 讲述二则“平等”小故事。

5. 同学们讨论自己对“平等”的理解。

6. “平等”诗歌朗读。

7. 思政课教师总结点评。

8. 主持人宣布班会结束。

9. 生活委员组织班委打扫教室卫生。

八、班会设计

（一）班会导入

播放视频《社会主义核心价值观之“平等”》，让同学们说说自己看完视频之后的想法。主持人把同学们的看法、想法总结在一起，引出本次班会的主题。

班会的形式要符合青少年的特点；要不拘一格、丰富多彩，要充分做好发动、准备工作；要充分发挥学生的主体作用。要把班会的思想性、知识性、教育性、趣味性统一起来，融为一体。首先，导入要有针对性。在设计导入时，只有针对自己设计的主题，选择有针对性的导入内容，才能快速、有效地导入，才能让导入真正起到“导”的作用。其次，导入要有趣味性。“兴趣是最好的老师”，能激发起学生学习兴趣的导入就是有效的。其实要做到让导入有趣味并不难，我们可以站在学生的立场去设计，时常关注学生感兴趣的东西，要做到常备、多备学生。最后，导入要简明扼要。导入是活动序曲，序曲顾名思义就是开头、引子，它的作用就是“引、导”，所以宜简明扼要，直达主题。

（二）主题阐述

“平等”是社会和谐稳定的压舱石，它标注了调整社会关系的基本尺度。

“王侯将相，宁有种乎?”在中国这样一个曾经有过几千年封建专制制度的社会，对平等的渴望和呼唤，是人心深处最为激越的力量。

正像司马光所说：“平而后清，清而后明。”我们倡导的平等，是兼顾效率与公平的平等，不是“不患寡而患不均”的绝对平均主义；是实实在在的平等，不是落在法律字面上的“形式上的平等”。要让人人都能公平行使社会权利、履行社会义务、分享社会成果，政治上平等参与、经济上共同富裕、文化上共建共享，同祖国和时代一起成长进步。

在我国经济体制深刻变革、社会结构深刻变动、利益格局深刻调整、思想观念深刻变化的新形势下，在各种思想文化相互交织、相互激荡和国际金融危机爆发的复杂背景下，以社会主义核心价值体系建设为统领，切实加强改进和创新大学生思想政治教育工作，显得尤为迫切和重要。

（三）你言我语

1. 有哪些关于“平等”的名句?

学生 A：人人相亲，人人平等，天下为公，是谓大同。——（清）康有为

学生 B：所谓壹刑者，刑无等级。——（东周）商鞅

学生 C：人平不语，水平不流。——（宋）释惟白

学生 D：公天下之身，公天下之物，其唯至人矣。——（东周）列子

2. 怎么做是“平等”? 举例说明?

学生 E：一架飞往纽约的飞机上，一位富有的中年白人妇女被安排坐在一位黑人旁边。她怒目而视，而黑人却以微笑回应。白人妇女发脾气，说不能忍受坐在黑人身旁，要求换位子。几分钟后，空服员回来了，说经济舱已经客满了，但头等舱还有一个空位。而且她已经获得机长的特别许可，机长认为一名乘客不应该和一个这么令人讨厌的人同坐。随后空服员转向那名黑人，邀请他到头等舱。顿时周边的乘客热烈鼓掌。

学生 F：美国著名的黑人民权运动领袖马丁·路德金发表演讲：“我梦想有一天，我的四个孩子将生活在一个不是以他们的肤色，而是以他们的品格优劣来评价他们的国度里。”

（四）自由讨论

主持人讲述二则“平等”小故事，全班同学根据听后的感受，分组讨论：如何理解社会主义核心价值观的“平等”? 大学生应该如何追求“平等”? 由组长收集组内意见作答。

故事一：周总理不知疲倦地为国家操劳，毫不保留地献出了毕生的精力，但他对别人为自己的哪怕是微小的劳动都非常尊重。服务员给他端菜或送东

西，他不是放下手里的工作，站起身双手接过来，就是微笑地朝服务员点点头表示感谢。周总理外出视察工作，每当要离开一个地方的时候，总是和服务员、警卫员、厨师及医护人员等一一握手，亲切地对大家说："辛苦了！谢谢，再见！"并和他们一起合影留念。更感人的是，周总理在生命弥留之际，仍不忘感谢守护在他身边的医护人员。一个星期天，周总理因工作需要，上一家照相馆照相。这时，照相馆已经来了一些顾客，摄影师正准备给一位解放军战士拍照。周总理进门后，大家赶忙迎上去问好。当知道周总理是来照相的，摄影师和那位战士都说："总理工作忙，请先照吧！"总理摆摆手，亲切地催促那位战士："大家一样忙，轮到你了，就应该你先照。"然后他以普通顾客的身份坐下来，坚持按先后顺序排队照相，使在场的人深受感动。

故事二：俄国作家屠格涅夫有一次在街上散步，一乞丐跪倒在地求道："先生，给我一点食物吧。"屠格涅夫寻遍全身无一点可充饥之物。只好说："兄弟啊！对不起！我没带吃的！"这时，那乞丐站起身，脸上挂着泪花，紧握作家的手说："谢谢你！我本已走投无路，打算讨点吃的后就离开这个世界。您的一声'兄弟'让我感到这世间还有真情在，它给了我活下去的勇气。"

（五）发言总结

学生A："自由、平等、公正、法治"，是对美好社会的生动表述，也是从社会层面对社会主义核心价值观基本理念的凝练。作为青年一代，应正确看待"平等"、正确理解"平等"和正确做到"平等"，只有大家都做到了"平等"，这个社会才会越来越"平等"。

学生B：古今中外，对平等的追求是每个社会、每个人的共同理想。从唐代著名史学家吴兢的"理国要道，在于公平正直"，到法国大革命平等的思想，再到社会主义核心价值观，平等始终是我们追求的目标。从刚才的故事一中，我看到了和蔼可亲、与平常人一样的周总理，从故事二中，我们认识了与乞丐称兄道弟的屠格涅夫，他们都是伟人、名人，但他们都做到了"平等"，是我们敬佩和学习的榜样！

学生C：《世界人权宣言》所说："人人生而自由，在尊严和权利上一律平等。他们富有理性和良心，并应以兄弟关系的精神相对待。"也就是说，不论你生在哪一个国家、哪一个阶层，都有追求幸福的权利，赢得尊重的权利，以及回报这个社会的义务等，都应该是平等的。所有人都有追求"平等"的权力，我们也应竭尽全力地追求属于自己的"平等"，只有待人平等，社会才会变得安定，世界才会变得美好，人与人之间的相处才能变得更加和谐。

（六）思政老师点评

班会讨论可以最大限度地激发学生的学习兴趣，充分调动学生学习的主动性、积极性。同学们关于“平等”的讨论具有一定的民主性和自由探索性，在讨论的过程中，学生的思维呈开放的状态，不同的见解、不同的思路在讨论中碰撞、反馈，可以激发学生的想象力，促进学生思维的有序发展，提高思维活动的有效性，从而收到显著的教学效果。在加强学生的思想教育，提高学生的道德水平上，同样具有十分重要的作用，让学生们对社会主义核心价值观“平等”的理解和认识更加牢固。

（七）践行承诺

全班齐声朗读。

1.《社会主义核心价值观行动誓词》：

践行“富强、民主、文明、和谐”爱国家，
践行“自由、平等、公正、法治”爱社会，
践行“爱国、敬业、诚信、友善”爱人民，
践行社会主义核心价值观，为实现中国梦而努力读书！

2.《感遇》（张九龄）：

江南有丹桔，经冬犹绿林。
岂伊地气暖，自有岁寒心。
可以荐嘉客，奈何阻重深！
运命唯所遇，循环不可寻。
徒言树桃李，此木岂无阴？

九、班会总结

本次主题班会的开展，旨在培养学生平等意识、成人意识、感恩意识、奉献意识、责任意识、进取意识，能够担当起公民的义务和责任，激励学生以不懈的拼搏实现自己的人生目标。本次主题班会开展各种形式的主题教育，以此提高学生对“平等”问题的认识能力和自我教育能力，加强同学们对“平等”的理解，加强对自己、对他人、对家庭、对社会与国家等的“平等”行为的反思，从而更自觉地约束自己的行为。同时，主题班会提供让学生展示自我的综合舞台，让学生有机会来展示自己的闪光点，培养学生实践能力和创新精神，为同学形成正确的世界观、人生观、价值观创造条件和氛围，促使学生最终成为一个有较强责任感和事业心的一代新人，自觉践行社会主义核心价值观。

第七节　社会主义核心价值观“公正”主题班会设计案例

一、主题背景

建立和遵循公正原则，实现全社会的公正，能充分调动人民群众的积极性、主动性、创造性，最大限度地集中全社会全民族的智慧和力量，从而实现好、维护好、发展好最广大人民的根本利益，把改革发展取得的成果惠及广大人民群众。公正是照亮社会的阳光，它给人温暖、给人力量。只要人民的社会充满公正的阳光，就一定会更加和谐稳定、更加富有生机活力，就一定能不断发展进步、实现美好梦想。作为凝聚全体人民共同建设中国特色社会主义的核心价值观，必须以公正为价值感召。

二、班会主题

社会主义核心价值观之公正。

三、班会目标

为了让当代大学生更加深刻地认识到公正，有了公正，社会才会给人的发展提供平等的权益和机会，每个社会成员的生存和发展才有保障；有了公正，我们才可能通过诚实劳动，得到自己应得的东西，满足自己的合理期望，从而调动自身的积极性。

四、班会重点难点

如何实现公正。

五、班会准备

1. 检查班会教室多媒体是否正常使用。
2. 提前布置黑板主题班会设计图。
3. 提前通知同学们搜集公正素材，并做好主题演讲准备。
4. 写好策划，准备好 PPT、视频等。
5. 选定主持人。
6. 服装定制。
7. 场地选取。

8. 费用支出。

9. 邀请各领导评委来评分。

六、班会形式

围绕“公正”教育主题，采用专题讨论、代表演讲、专家点评等形式展开。

七、班会流程

1. 全体负责人提前半小时到班会所在教室集合，并由此次活动策划人对今天活动做部署。

2. 班级同学提前五分钟依次进场，纪律委员宣布会场纪律并清点人数。

3. 主持宣布班会开始。

4. 主持人介绍此次主题班会。

5. 针对公正，自由讨论，列举生活中的鲜活案例。

6. 随机上台发表观点主题演讲。

7. 由同学们自己谈谈对公正的看法及理解。

8. 辅导员总结。

9. 宣布主题班会结束，组织同学清扫教室，有序离场。

八、班会设计

（一）班会导入

我们应该认识到公平正义是协调社会各个阶层相互关系的基本准则，也是社会具有凝聚力、向心力和感召力的重要源泉。因此在进行制度设计和制度安排的过程中，只有遵循公平正义的原则，才能得到社会的认同，使这些制度获得最广泛的支持并得以顺利实施；在调节各种利益关系和处理各种社会矛盾的过程中，只有遵循公平正义的原则，才能使绝大多数社会成员受益，才能有效地整合社会各种资源和力量，实现全社会的团结与合作；在为实现国家整体目标而奋斗的过程中，只有遵循公平正义的原则，才能使全体人民看到希望，并自觉自愿地为这一目标贡献聪明才智。今天的班会，我们来探讨当代大学生如何认识公正。

（二）主题阐述

公平是指按照一定的社会标准、正当的秩序合理地待人处事，是制度、系统、大型活动的重要道德品质。公平包含公民参与经济、政治和社会其他生活的机会公平、过程公平和结果分配公平。正义包括社会正义、政治正义和法律正义等。公平正义是每一个现代社会孜孜以求的理想和目标，因此，许多国家都在尽可能加大公共服务和社会保障力度的同时，高度重视机会和过程的公平。构筑一个公平正义的社会，需要全社会的长期努力，要提高全体公民的文化、道德、法制等方面的素质，使人们有渴求公平正义的意识、参与公平正义的能力和追求公平正义的行为。

（三）主题歌曲

由文艺委员领唱，全班同学起立合唱“公正歌”。

（四）播放视频

由主持人播放关于公正的相关视频。

（五）案例解析

1. 一次班级篮球赛，裁判误判一球，某班要求裁判改判，裁判没有理睬，然后某班拒绝继续比赛，篮球赛不欢而散。

2. 一次语文期末考试，某同学的试卷被老师少给了五分，某同学要求加回去，可老师说凡是低于六分以下的误改一律不予重改。

3. 开学一次公开竞选班长，小明和小李都是候选人，小明竞选前许诺如果他当上班长就会请全班同学吃饭，最终小明以微弱的优势竞选成功。

4. 讨论：请大家谈谈以上现象中，哪些是公平的，那些不是公平的，为什么？

5. 明确：公平是相对而言的，没有所谓的绝对的公平存在。理解公平，我们要善于将心比心，换位思考；对待公平，我们更要有宽广的胸怀和理智的行为，为追求理想的公平，我们更需要不懈的努力。

6. 主题演讲

由同学A给我们带来关于公正的主题演讲。

7. 自由讨论

由下面的同学举手来谈谈本次班会课后，自己对于公正的理解及看法。

同学B：我认为公正是指处理事情合情合理，不偏袒某一方或某一个人，即参与社会合作的每个人承担着他应承担的责任，得到他应得的利益。

同学C：我觉得公正是指人们之间权利的合理分配关系，如果人们之间的权利分配过程、分配方式和分配结果是合理的，则被称之为公正；反之，则被称之为不公正。也就是说，公正是指人们之间分配关系上的合理状态。

同学D：我觉得公正就是遵守法律的情况下，自己吃亏了，得到应有的补偿，就是公正。

8. 总结

社会公平，体现的是人们之间一种平等的社会关系。包括生存公平、产权公平和发展公平。追求社会的公平与公正一直是社会主义的一个基本目标和核心价值，也是社会主义的魅力所在，更是建设社会主义必不可少的重要因素。社会公平的实现，离不开我们共同的努力。社会需要公平，人与人之间的交往与合作，同样需要公平，以公平之心对待周围的人和事，能够营造融洽的人际关系，形成有利于我们健康成长的良好环境。

九、班会总结

公平正义是人类文明的重要标志，是衡量一个国家或社会文明发展的标准。社会和谐、人际和睦，无疑以公平正义为重要条件，而公平正义的创造和维持离不开公共权威，离不开公共行政。如果以政府为核心的公共组织和公共行政不能倡导公平正义、不能奉行公平正义、不能主持公平正义，国家和社会就不会有公平正义。公平正义，就是社会各方面的利益关系得到妥善协调，人民内部矛盾和其他社会矛盾得到正确处理，社会公平和正义得到切实维护和实现。满足公民对社会公平正义的要求，提升公民的幸福感和满意度，必须具备较高的经济发展水平和较好的物质条件。在当今中国，维护和实现社会公平的根本途径，仍然是努力发展社会经济，为实现更高水准的社会公平奠定必要的物质基础。公平是制定“规则”权利的平等，公平不是平均，公平也不是相等，在人类关系中，公平只是制定规则的权利和平等。

第八节　社会主义核心价值观“法治”主题班会设计案例

一、主题背景

习近平总书记在党的十八大明确提出社会主义核心价值观：富强、民主、文明、和谐、自由、平等、公正、法治、爱国、敬业、诚信、友善。核心价值观共 24 个字，通过三个层面进行阐释，分别是：国家层面的价值目标、社会层面的价值取向、公民个人层面的价值取向。习近平总书记在党的十九大报告中明确指出，要培育和践行社会主义核心价值观，要以培养担当民族复兴大任的时代新人为着眼点，强化教育引导、实践养成、制度保障等方面。

在社会主义核心价值观中法治是治国理政的基本方式，依法治国是社会主义民主政治的基本要求。他是通过法制建设来维护和保障公民的根本利益，是现实自由平等、公平正义的制度保证。

当代大学生是我国发展的建设者和接班人，是实现民族伟大复兴，实现伟大中国梦的希望和民族的未来，培育和践行大学生社会主义核心价值观是学生成长成才的关键，法治是国家治国的基础和根本，因此大学生法治意识的培养显得尤为重要，学院深入开展法治宣传教育，加大依法制校和依法治教的力度，注重德育和法制教育并重，法制教育与法制实践相结合，推进教育教学工作的健康发展，为不断提高教学质量、建设和谐校园营造良好的法治环境，为培养学生成为一名知法、懂法、守法的社会主义事业建设的接班人和建设者而不懈努力。

二、班会主题

法治社会，共同遵守。

三、班会目标

本次主题班会深入学习习近平总书记提出的社会主义核心价值观的内容及内涵，培养学生在思想意识、奋斗目标上和国家提出的方针、政策保持高度的一致性。

以形式多样、灵活的班会对学生进行法制宣传和法制教育，让学生全程参与到这样的班会中，让学生学会自我教育和自我反省，从而提升学生的法律意识和法律素质，使学生能够做到知法、懂法、守法。

举办主题班会，提升班干部的执行力和班级的影响力，增强班级的凝聚力和团队协作能力。

四、班会重点难点

主题班会重难点是让同学们掌握社会主义核心价值观中法治的内涵和重要性，并以此进行自我反省、自我教育，以遵纪守法为导向，从而提升自己的法律意识和法律素质，让遵纪守法的行为伴随自己成长一生。

五、班会准备

准备材料：准备关于法律起源的资料与汽车专业相结合的交通违法视频资料、辩论比赛的资料收集、演讲稿的撰写等。

邀请嘉宾：邀请学院各系部长期分管学生工作的党总支书记，学生工作部领导，以及系部团总支学生会干部参加。

班会教室布置：班会前完成教室主题班会的前后黑板报、白板报、桌椅板凳的摆放。

服装准备：全体人员统一着白色衬衣，深色长裤，深色鞋子。

六、班会形式

情景角色式、才能展示式和专题辩论式。

七、班会流程

1. 由本班同学根据PPT讲解法律知识。
2. 演讲表演——《做一个知法、懂法、守法的大学生》。
3. 辩论赛——“刑是否上精英”。
4. 热点讨论，畅所欲言，各抒己见。
5. 集体宣誓。
6. 邀请领导评委点评。

八、班会设计

（一）班会导入——法律知识讲解

1. 环节内容。

根据中国法律的组成、中国的法律分级、大学生涉及的法律问题三个方面进行讲解，并用实际案例进行阐释，比如对于兼职或者就业涉及的纠纷，就要运用《劳动法》来捍卫自身的权利，对于购物中涉及欺骗、宣传不符等，要善于运用《网络交易管理办法》《消费者权益保护法》等法律来维护自身的权利。

（设计意图：通过以法律为主脉络的基本整合，引出班会的主题，结合当代大学生涉及的实际问题进行大概讲解，为下一个演讲环节奠定基础。）

（二）主题阐述——主题演讲

1. 辅导员导语。

古人云：“人之初，性本善。”其实每个人出生时本性都是善良的，在成长的过程中，有的人内心保持着一份纯洁善良，有的人内心却布满了灰色，看不清远方。

法律仿佛是一张无形的网，看似虚若无物，无声无影，却与我们的生活密切相关。当一个邪恶的念头刚刚闪过，法律无形的双手便悄悄地靠近。在今天的主题班会上，来听一听学生的说法。

2. 环节内容。

“涛韬不绝”吐槽节目，由向同学、靳同学共同搭档完成。共由两个环节组成，第一个环节通过几起校园犯罪事件，两名同学以新闻访谈的方式进行吐槽，运用反讽，幽默诙谐的发表自身观点，让班会增添了不少乐趣，让班会气氛活跃了起来。第二个环节吐槽结束，紧跟着同学们就这些校园犯罪事件进行演讲，阐述了如何做一个知法懂法守法的当代大学生。演讲者激情洋溢的演讲，带动了同学们的激情，一起呐喊！看！我们做到了！我们做到了！“法在我身边”无愧于自己，无愧于国家，无愧于这个时代！

（设计意图：演讲方式的创新，不再是枯燥乏味的形式，演讲运用案例与听众产生共鸣，运用大量的数据，产生震撼效应，演讲内容与主题紧紧联系在一起。）

（三）你言我语——热点讨论

1. 辅导员导语。

在当今社会中，交通事故频频发生，是由于当事人的疏忽大意或交通意识的薄弱和缺乏造成的。我们作为交通学院的学子，遵守交通规则，义不容辞。现在请随我看一段让人触目惊心的视频，观看后请各抒己见，从各个不同的角度讲述自己的看法。

2. 环节内容。

（1）展示视频材料。

选取当今社会的一个热点新闻，从法律、道德等多角度进行分析讨论。首先展示视频《暴打女司机》，视频内容为某日下午，一段35秒视频在网上疯传：在成都市娇子立交处，一名男司机将一女司机逼停后当街殴打，35秒内4次踢中女司机脸部，整个过程触目惊心。视频观看结束，邀请同学们发言，由辅导员主持，邀请同学们对视频的内容，从多角度、多维度进行评论，各抒己见，旨在让学生们明白，法律时刻都围绕在我们的身边，用身边的实际案例进行自我警示和自我约束。

（设计意图：辅导员引导学生带着问题，带着思考进行视频观看，围绕法律方面进行发言和讨论，让学生进行反思，结合到自身的情绪控制，争取以后做一个遵守交通规则的好司机。）

（四）精彩一刻——辩论赛

1. 执行主席导语。

我们今天的主题辩论赛的题目为“刑，是否上精英”。国有国法，家有家规，没有规矩不成方圆，如果国家的栋梁之材违反了国家的法律，那么会受到法律的制裁吗？我相信大家都有自己的看法和观点，那么今天就听听他们怎么说。现在请允许我为大家介绍今天辩论赛的正方选手：张同学、陈同学；反方选手：杨同学、彭同学。辩论赛正式开始，正方和反方辩手，思路清晰，准备充分，语言精练，各抒己见，经过一番唇枪舌剑，质疑—反驳—回击中进入尾声，最后正方的观点、论据、论证驳回了反方的观点。得出结论："刑，也要上精英"，在法律面前人人平等，没有一个精英有特权，不能享受法律的赦免权。四位同学给大家奉献了一场精彩绝伦的辩论赛，让观众看得酣畅淋漓。

（设计意图：辩论赛是班会的重要环节部分，设计这一环节，主要是让同学们都明白法律的公正性，法治社会没有一个人享有法律的赦免权，在法律面前人人平等，在法治社会，没有高低贵贱之分。同学们通过辩论赛的形式，再次提升法律意识和法律素质。）

（五）践行承诺——集体宣誓

1. 辅导员导语。

同学们，今天我们通过对法律知识的讲解、违法视频的观看，采用讨论、主题演讲、辩论等形式，给大家呈现法律的内涵。在生活中，涉及的法律方面的知识还很多，只有将社会主义核心价值观的法治意识渗透，真正融入内心，并以此指导日常行为，才不会误入歧途。"法治社会，共同遵守"，请谨记我们的承诺，下面请全体起立，庄严宣誓。

2. 辅导员领誓。

我宣誓：

做一名遵纪守法的大学生，

知荣弃耻，明荣辱之分；

褒荣贬耻，做当荣之事；

扬荣抑耻，拒为辱之行。

宣誓人：

（设计意图：此环节的设计，是对法律意识的再度深化，信守承诺，植入学生的内心，指挥自己的行为，再次与主题进行前后呼应，做到首尾相连，环环相扣。）

（六）邀请领导评委点评

1. 辅导员导语。

现在我们用最热烈的掌声，有请思想政治教育部徐主任为主题班会进行点评。

徐主任对本次班会进行高度的赞扬和认可。他说："班会准备充分、班会的主题鲜明、班会形式多样、班会的内容丰富、各环节之间能有机的衔接。”也对我们提出了希望，社会主义核心价值的精神，以主题班会的形式展示，同学们一定要将这样的思想植入内心，引领行为，指导实践，做一个知法、懂法、守法的当代大学生和中华人民共和国公民。

（设计意图：通过专家的专业点评，进行反思和总结，为后续开展主题班会教育做好准备和奠定基础，开拓辅导员及学生新的思路，探索解决问题的办法。）

九、班会总结

（一）优点

1. 学生参与度100%。

本次主题班会，从前期的策划、资料的收集、多次的演练和彩排、教室的布置、服装的统一可以看出，班干部的领导能力、组织能力较好，班级的凝聚力、协作能力较强，从而也体现班级的优良班风。

2. 班会形式，具有创新性和多样性。

本次班会的准备较为充分，内容丰富、形式多样、联系紧密且注重班会细节，前后设有与主题相关的板报，与整个班会紧紧地联系在一起。

3. 理论与实践相结合进行有机展示。

班会紧密联系生活，与身边的案例、发生的事情紧密地联系在一起，更加具有说服力，引人深思，在一定程度上增强了同学们的法律意识和法律观念。

（二）不足之处

1. 环节之间的衔接性有待增强。

对于班会上每个环节的衔接，需要仔细地琢磨、分析。班会每个阶段的衔接性有待增强，学生在展示过程的措辞运用上有待改进，注意主题班会细节设置。

2. 班会内容的深度需要提升。

班会内容还要有深度，以进一步丰富班会内容，让每一名同学都融入班会中，真真切切地领会到班会的精神，通过班会这样的形式，达到教育学生的目的，提高学生的思想意识，指导实际行动。

第九节 社会主义核心价值观“爱国”主题班会设计案例

一、主题背景

“爱国”是核心价值观的核心，是每个公民的义务和责任。爱国是凝聚全国各族人民的核心要素和第一位的价值观，是公民的基本义务和美德。中国人民历来把国家利益放在至高无上的地位，为祖国和民族的生存发展前仆后继、奋斗不息。时至今日，经过几千年的沉淀，特别是近百年来反帝自强斗争的洗礼，爱国主义已然内化成中华民族精神核心，构成了实现中国梦的精神支柱。

二、班会主题

践行社会主义核心价值观之爱国主题班会——“有国才有家”。

三、班会目标

1. 根据学生的接受能力和认知特点，选择有代表性的事情，使学生更进一步了解我们的祖国。

2. 通过分享爱国故事和视频，激发学生对祖国的热爱之情，建立爱国情感基础。

3. 所有学生通过参与班会主题讨论，思考国家对于个人的意义，在活动中引导学生如何从自身出发践行爱国主义精神。

四、班会重点难点

1. 促使学生理解社会主义核心价值观。
2. 引导学生从自身出发思考如何爱国，如何在平时践行爱国主义精神。

五、班会准备

1. 制作主题班会 PPT。
2. 下载爱国电影《厉害了我的国》《战狼》等。
3. 准备讨论爱国主题。

六、班会形式

讲述、观影、讨论、总结。

七、班会流程

1. 教师讲述社会主义核心价值观，提出班会主题。

2. 学生观影《厉害了我的国》《战狼》等电影。

3. 老师提出问题：

①如何理解社会主义核心价值观中的爱国？

②大学生应该如何爱国？

4. 学生分组讨论老师提出的问题，选择一个组长收集组内回答，由组长统一阐述。

5. 齐唱国歌。

6. 教师板书同学们的回答，做点评和班会总结。

六、班会设计

（一）班会导入

播放《厉害了我的国》主题影片节选，展示祖国的飞速发展。

设计意图：同学们观看主题影片节选，了解祖国的发展和强大，激发对祖国的自豪感。

（二）主题阐述

阐述本次班会背景，党的十八大提出的社会主义核心价值观：倡导富强、民主、文明、和谐，倡导自由、平等、公正、法治，倡导爱国、敬业、诚信、友善。

引出本次班会主题：践行社会主义核心价值观，从爱国做起。

设计意图：阐述班会开展的背景和主题，让同学们了解本次班会的目的。

（三）你言我语

播放《战狼》影片节选，展现国家强大是每一个公民的坚实后盾。作为一个公民，我们应该为国家做什么？以此引出本次班会讨论问题：

1. 如何理解社会主义核心价值观的爱国？

2. 大学生应该如何爱国？同学们分组讨论问题，由组长收集组内意见作答。

设计意图：让各个小组积极思考，并让每个人都参与进来，同时集合大家的意见，为后续老师总结本课知识点打下铺垫。

（四）精彩一刻

合唱国歌。

设计意图：唱出同学们的热情与自豪，将整个班会推向一个高潮，让每个同学都受到爱国情怀的感染。

（五）践行承诺

老师点评同学们的回答并做最后总结。

了解爱国意义：爱国就要热爱人民。我们要尊敬我们的先辈，是他们创造了中国的今天；爱同自己一样生长在中华大地上的父老乡亲、师长朋友，他们与我们血肉相连，共同支撑和发展着今天的社会。我们要怀着一颗感恩之心，为人民服务，努力回报祖国、回报社会、回报人民，让人民生活得更富裕、更美好。

七、践行爱国主义

理解、相信和支持党和政府的战略部署。在解决中日、中美、中俄重大国际关系方面，党和政府的战略是符合我国的根本利益的。我们大学生不能以所谓的非理性的“爱国”言行打乱党和政府的战略部署，而是有责任为党和政府的总体战略提出进一步完善的建议，更重要的是，还要率先学习和领会好这种战略意图，做落实这种战略的先进分子；还有责任向广大的人民群众宣传、解释党和政府的这种战略，既为党和政府分忧，也为群众释疑解惑。

做稳定的促进派。我们的改革开放与发展，正处在一个非常关键的攻坚时期，这就要求全国人民与党和政府一起，共同保护我们的稳定成果，特别是大学生，更要在维护稳定方面做促进派。

合理合法地表达大学生的爱国感情。既有爱国的远大目标，并把这种爱国的热情转化到维护稳定、搞好学习上来，还要在爱国的过程中，选择合理合法的方式表达爱国的心愿和热情。有爱国热情而不让情绪失控，有爱国之心而合理合法表达，体现新时期素质高、水平高、层次高的新一代爱国大学生的风采风貌。

（设计意图：重申班会主题，结合同学们的回答提炼本堂课知识点，倡导同学们践行爱国承诺。）

八、班会总结

本次班会以社会主义核心价值观之“爱国”为主题，从学生的实际情况出发，设计适合学生年龄特点的教学活动。大学生是个特殊的群体，他们深爱我们的祖国；他们有爱国的热情，有民族的自豪感，有爱国的自强心；他们有知识、有文化，在爱国方面，更应该有理智、理性，从而使爱国更有深度。本次班会目的在于激发学生的爱国主义情感，了解如何从自身出发正确爱国，并在生活中践行爱国主义精神。

为达成本次班会目标，辅导员在课前做了充分的准备工作，通过前期调查发现，个别学生对于爱国缺少基本认识。从班会的设计上，辅导员的想法是只有真实的课题和活动才能激发学生的爱国主义情感，引发学生的共鸣，因此采用了时下热门的电影《战狼》作为课程素材，让同学们感受到其实爱国并不遥远，引导同学们思考作为一名中国公民，如何才能表现爱国情怀。从实际效果看来，学生确实受到了触动，并积极思考了爱国的意义。

在设计环节，以严谨和真实为准则！围绕本次重点和难点，牢记课程的目标，应当摒弃的就毫不犹豫地舍弃。环节的设计上，尽量多设计学生参与、学习、思考的机会，让学生表达他们真实的想法，整个班会建立在同学们的爱国热情基础上，并通过讨论环节，引发思维碰撞，最后由辅导员来进行归纳总结。

本次主题班会课上，学生对于爱国还存在一些误区，只开展一次班会并不能让同学们深刻理解，还应该在爱国主义教育这方面多下功夫，以后辅导员将针对一些实事新闻，多组织爱国主义主题班会，加深学生对于爱国的认识。

第十节　社会主义核心价值观“敬业”主题班会设计案例

一、主题背景

2017 年 10 月 18 日，习近平总书记在党的十九大报告中指出，要培育和践行社会主义核心价值观。要以培养担当民族复兴大任的时代新人为着眼点，强化教育引导、实践养成、制度保障，发挥社会主义核心价值观对国民教育、精神文明创建、精神文化产品创作生产传播的引领作用，把社会主义核心价值观融入社会发展各方面，转化为人们的情感认同和行为习惯。

二、班会主题

社会主义核心价值观之敬业。

三、班会目标

作为社会主义核心价值观之一，敬业不仅是人类实践创造的基本内容和社会进步的重要动力，更是人类社会的重要美德。学习、培育、践行敬业精神，是实现中国梦的需要，是提升国民素质的需要，是优化社会风气传播正能量的需要。而我们作为新时代的新青年更应该学习社会主义核心价值观，并学以致用。

四、班会重点难点

1. 敬业的内涵与外延。
2. 理解敬业的重要性。
3. 新时代大学生如何践行社会主义核心价值观。

五、班会准备

（一）前期准备

1. 找好活动所需教室；
2. 布置场地；
3. 采购活动所需物品；
4. 做好班会 PPT；
5. 安排人员及排练节目；
6. 选拔班会主持人。

（二）主题及时间

1. 围绕“社会主义核心价值观之敬业”为主题开展班会，时间为一个小时。
2. 班会结束后，班会总结。

六、班会形式

（一）知识宣传

同学们通过演讲并结合生活中的案例，对敬业有更深层的了解。

（二）文艺演出

同学们通过真实而生动的演出，加深了印象。

七、班会流程

1. 由主持人介绍本次活动受邀前来的老师及领导。
2. 由主持人介绍社会主义核心价值观中“敬业”的概念。
3. 由辅导员致辞。
4. 欣赏演讲《社会主义核心价值观之敬业》。

5. 欣赏视频《家风中华　敬业传家》。
6. 关于社会主义核心价值观的知识问答。
7. 自己了解的敬业事迹，发现别人的闪光点。
8. 主持人提问小测试。
9. 故事演示《把职业当成事业》。
10. 小游戏：汽车里面有什么。
11. 关于敬业的知识问答。
12. 请同学围绕社会主义核心价值观和敬业，提出自己的职业规划。
13. 班会总结。

八、班会设计

（一）班会导入

中华民族历来有“敬业乐群”“忠于职守”的传统，敬业是中国人民的传统美德。早在春秋时期，孔子就主张人在一生中始终要勤奋、刻苦，为事业尽心尽力。他说过“执事敬”“事思敬”“修己以敬”等话。北宋程颐更进一步说：“所谓敬者，主之一谓敬；所谓一者，无适（心不外向）之谓一。”

（二）主题阐述

敬业是一个人对自己所从事的工作及学习负责的态度。道德就是人们在不同的集体中，为了集体的利益而约定俗成的，应该做什么和不应该做什么的行为规范。所以，敬业就是人们在某集体的工作及学习中，严格遵守职业道德的工作学习态度。

（三）你言我语

早在春秋时期，孔子就主张人在一生中始终要勤奋、刻苦，为事业尽心尽力。他说过“执事敬”“事思敬”“修己以敬”等话。北宋程颐更进一步说：“所谓敬者，主之一谓敬；所谓一者，无适（心不外向）之谓一。”

南宋朱熹说，“敬业”就是“专心致志以事其业”，即用一种恭敬严肃的态度对待自己的工作，认真负责，一心一意，任劳任怨，精益求精。

（四）践行承诺

1. 有牢固的专业思想，热爱本职工作，忠于职守，持之以恒。
2. 有强烈的事业心，尽职尽责，全心全意为人民服务。
3. 有勤勉的工作态度，脚踏实地，无怨无悔。
4. 有旺盛的进取意识，不断创新，精益求精。
5. 有无私的奉献精神，公而忘私，忘我工作。

九、班会总结

此次以“社会主义核心价值观‘敬业’”为主题的班会的顺利开展和圆满结束，离不开每位同学的配合和帮助。此次活动荣幸地邀请到思政老师教导同学们在生活中如何去实践“敬业”，大家纷纷表示受益匪浅，谨记在心。辅导员为同学们讲解了社会主义核心价值观的含义，让同学们了解核心价值观不仅是“敬业、诚信、友善、爱国”等，而是大家要从身边小事做起。在班会过程中，主持人巧妙缓和气氛、演讲者倾情讲述、同学们积极发言，畅谈职业发展中自己对敬业的看法。最后主持人用一句：“我们呼唤更多的行动，用行动说话!”掷地有声，在学生心中留下深深印记!

第十一节　社会主义核心价值观“诚信”主题班会设计案例

一、主题背景

社会主义核心价值观是社会主义核心价值体系的内核，体现社会主义核心价值体系的根本性质和基本特征，反映社会主义核心价值体系的丰富内涵和实践要求，是社会主义核心价值体系的高度凝练和集中表达。

党的十八大报告强调指出：“倡导富强、民主、文明、和谐，倡导自由、平等、公正、法治，倡导爱国、敬业、诚信、友善，积极培育和践行社会主义核心价值观。”这一论述明确了社会主义核心价值观的基本理念和具体内容，指出了社会主义核心价值体系建设的现实着力点，是对社会主义核心价值体系建设的新要求。正确理解社会主义核心价值观的内涵，深刻把握积极培育和践行社会主义核心价值观的重要性，对于推进社会主义核心价值体系建设，用社会主义核心价值体系引领社会思潮、凝聚社会共识，具有重要的理论意义和实践意义。

二、班会主题

围绕“诚信”谈当代大学生的经历与感受观点。

三、班会目标

1. 正确理解“诚信”的含义。
2. 深刻领悟社会主义核心价值观的内涵。

3. 积极践行社会主义核心价值观。

四、班会重点难点

从自身做起，践行“诚信”。

五、班会准备

1. 检查班会教室多媒体设备是否能正常使用。
2. 提前布置班会教室。
3. 提前通知同学们搜集与“诚信”有关的素材，并做好主题演讲准备。

六、班会形式

专题讨论、代表演讲、老师点评。

七、班会流程

1. 全体负责人提前半个小时到班会所在教室集合，并由此次活动策划人对今天活动做部署。
2. 班级同学提前五分钟依次进场，纪律委员宣布会场纪律并清点人数。
3. 主持人宣布班会开始。
4. 主持人介绍此次主题班会。
5. 自由讨论，列举生活中的鲜活案例。
6. 随机上台发表观点主题演讲。
7. 老师点评。
8. 辅导员总结。
9. 班会结束，组织同学清扫教室，有序离场。

八、班会设计

（一）班会导入

关于诚信，这些年来我们讲得不少，一方面是因为诚信很重要，另一方面是因为诚信缺失的现象还很严重。

（二）主题阐述

真实无妄叫作诚，不食言、不欺瞒谓之信。世界上所有民族、所有文化，都提倡诚信。咱们中国人更是将诚信看得很重。诚信是做人之本，“人而无信，不知其可也”，一个人满嘴假话，口是心非，人们就会把他当作骗子、伪君子，诚信是交友之基，“与朋友交，言而有信”，“言必信、行必果”，能赢得最多的朋友。诚信是为政之道，“民无信不立”，如果信用破产，一个政府就很难获得老百姓的拥护。诚信是经商之魂，童叟无欺，一诺千金，既是古老的商业规则，也是现代市场经济的精髓。诚信还是心灵良药，君子坦荡荡，暗室不欺心，就吃得下饭，睡得着觉，没有心灵的烦恼。

因此，大力宣传诚信理念，弘扬诚信之风，批评失信行为，很有必要。

（三）你言我语

学生 A：还记得我们学过的一篇文章。曾子是孔子的学生。有一次，曾子的妻子准备去赶集，由于孩子哭闹不已，曾子妻许诺孩子回来后杀猪给他吃。曾子妻从集市上回来后，曾子便捉猪来杀，妻子阻止说：“我不过是跟孩子闹着玩的。”曾子说：“和孩子是不可说着玩的。小孩子不懂事凡事跟着父母学，听父母的教导。现在你哄骗他，就是教孩子骗人啊。”于是，曾子把猪杀了。曾子深深懂得，诚实守信，说话算话是做人的基本准则，若失言不杀猪，那么家中的猪保住了，但却在一个孩子纯洁的心灵上留下了不可磨灭的阴影。

学生 B：华盛顿用小斧头砍倒了他父亲的一颗樱桃树。父亲见心爱的树被砍，非常气愤，扬言要给那个砍树的人一顿教训。而华盛顿在盛怒的父亲面前毫不避讳地承认了自己的错误。父亲被感动了，称华盛顿的诚实比所有樱桃树都宝贵得多。

（四）发言总结

1. 团支书发言：社会主义核心价值观中个人层面中的“诚信”。

中华美德，源远流长。诚实守信是中华传统美德的重要内容。

诚信——中华民族的名片，孔子曾说：“人而无信，不知其可也。”

诚信是修身之本，创业之基，是人们团结和谐的纽带，是社会有序运行的基础和保障。

诚实守信藏在我们民族杰出人物的思想和事迹中，蕴含在他们留下的文化遗产里，流淌在我们每一个人的血脉里。我们希望通过这些故事，宣扬中华民族优秀传统文化中的精粹，激励我们传承中国人的高尚品德，树立正确的理想、信念、人生观、价值观，做一个真正的“诚信”的人。

2. 副班长发言：国无信不威。

信，是“诚信”最直观的行为表现和检验标准，所谓“言必信，行必果”，说话一定信守、做事一定办到，讲究信用，受人信任，这是诚信的外化体现。

“信”之一字，虽然千金一诺最为沉重，但是空口无凭又最为虚泛，观其行径还要等待漫漫时间的印证，所以，“信”在外化体现方面，就产生了一种加固信任的仪式。仪式也并不复杂，中国的印章，就是一种仪式化的凭信。对于一国来讲，国之玉玺，郑重一落，就印盖出了国家信誉；对于个人来讲，名章为凭，红印一盖，就代表着本人信誉。

所以理想化的“信”包括了三个维度：主体信诺，客体信任，而连接这主体与客体的，就是信誉。首先自己有诺必信，而后才能建立信誉，最后赢得旁人信任。

“信”对国家、对个人都极为重要，《左传》说：“信，国之宝也。”信用是国家的重宝。信誉建立，比城池建造、经济建设都更难，建立之后的维持亦难，信诺百事可能才筑造起一道信任的高墙，但毁诺一事就可颠覆信任的根基。国之信，建之无形，毁之无影，易毁难建，去即无存。这个道理，2600年前的晋文公重耳就深深懂得。

国对外要维护信用，对内也要建立信誉，面对国家民众才能形成政府公信力。《论语》中就记载有关于公信力的讨论，学生子贡曾向孔子询问治国之政，孔子说：“足食，足兵，民信之矣。”充足粮食、充足兵力、人民能信任政府，这就是治理政事之要。但子贡总有进一步的思考，他继续问：在这三者里如果必须要去掉一项，能去掉哪一方面呢？孔子说：“去兵。”子贡还想探寻答案的唯一性，于是又问，如果再去掉一项，在粮食充足与人民信心里，能放弃哪一方面？然而这道艰难的选择题没有令孔子为难，孔子斩钉截铁地告诉他：“去食。自古皆有死，民无信不立。”孔子的治国理念是：在迫不得已之下，粮备可以去掉，没有粮食，不过是死而已，但自古以来谁也免不了死亡。可是失去了人民的信任，国家就立不起来了。

因此，政府必须要能取信于民，这就是中国文化中的问政、论政。为此，宋代宰相王安石也从治国实际出发，总结说：“自古驱民在信诚，一言为重百金轻。”政府传递给人民的信义力量重过百金，这就是中国思维中的政论、政见。

所以，国之信，重九鼎。对内，民无信不立；对外，国无信不威。

3. 学习委员发言：民无信不立。

信，与每一个人的关联更为密切，我们平日里，一句邀约的问候语、一篇工作的计划书、一段信誓旦旦的承诺，都是在进行着某种信约的发起和践行，在这个过程中，可能言者无心，然而信者有意。我们每一天的言行印证，每句话的结果论证，每个人的印象旁证，都是比印盖在契约上的人名章更有说服力、更有真实度、更具考验性的人生信义证明。

信，就是要对自己的每一句话负责，也许有时候只是夸张的表达，只是随意的应答，可是说了之后不做，这段话就缺少了漂亮的收尾，这个人就缺少了完整的责任意识，言过其实，便成了言而无信的人。正如孔子感叹："人而无信，不知其可也。"

古人对自己的出言十分谨慎，战国时期的《春秋谷梁传》指出："言而不信，何以为言！"如果不能守信，那何以要说话！汉代的《大戴礼记》说："可言不信，宁无言也！"如果言而无信，那就宁可不说话！宋代程颐说道："人无忠信，不可立于世。"没有忠信之心的人，不可立世为人。这样看来，信，不是品格的高层次要求，而是人生的必要性条件。

故此，古人对"信"的教育和反思时刻警醒在心头。《韩诗外传》中就记载了"孟母不欺子"的一段故事。孟子小时候，和其他孩子一样喜欢好奇地问为什么，他看到邻家杀猪，就问母亲，他们为什么要杀猪？孟母心不在焉地随口打发他说：杀猪给你吃！但是话刚脱口而出，她就后悔了，想到孩子已有认知观念，怎么可以传输他"人无信义"的理念呢？于是，贫寒度日的孟母依然拿出钱来向邻家买了猪肉，只为给孟子传达"言出必行"的教育理念。

育人如此，自育亦然。孔子的学生曾子，就不忘随时自我反思："为人谋而不忠乎？与朋友交而不信乎？传不习乎？"为人办事尽心了吗？与人相交诚信了吗？所学知识践习了吗？为事要忠、为人要信、为学要习，孔子最看重的人生品格里，信，就是关乎能否立身的重要一条。

信是一种品格，一言既出，驷马难追。

信是一种责任，一言九鼎，一诺千金。

信，更是一种准则，人无信不可，民无信不立，国无信不威。

4. 班长发言：人无诚不行。

信，是一种行为验证，然而"诚信"这个词，"诚"在"信"前，"诚"比"信"更为重要。诚，是内心自觉。诚信，必须心意真诚，才好信守约定。

孔子论诚信，在"言必信，行必果"之后加了一句话："言必信，行必果，硁硁然小人哉！"出言就必须要信守，做事就必须要坚决，这并非君子所为，而是没有判断能力、不问是非黑白、浅薄固执己见的小人行径！这句话真是石破天惊！言行一致并不一定代表诚信品格？在孔子这句话里，就涉及了"诚"的重要性。假如被迫做出的承诺不是本心所愿，假如一时糊涂的约定不是正义所为，那么还要去义无反顾地去践行它吗？假如对坏人做出了违心承诺、假如做坏事顺从了错误约定，这些权宜之计、歪理邪说反倒要如约信守吗？当然不是！只有正义才值得信守，只有诚恳才甘愿信诺——内心的愿意，才是守约的根本。

对孔子这句惊人论断，从小受诚信教育长大成人的孟子就深以为然，孔子说了小人的言行，孟子便明确说君子的言行。《孟子》说："大人者，言不必信，行不必果，惟义所在。"内心通达的君子，所言不一定拘泥信守、所行不一定执迷结果，为人行事的准则，是必须要合乎正义。"惟义所在"，唯有正义存在，才能心正意诚！

"不信不立，不诚不行"，人无信不可立，心不诚更不能行。不讲首要的诚心实意，仅凭"信"的结果来衡量人品未免会有失偏颇。没有心之诚在前，信之行就成了刻板的教条、拘泥的桎梏、僵化的思维、固执的行径、不情不愿的强迫、形式主义的空洞。弘一法师曾说："内不欺己，外不欺人。"不欺人，便是"信"；不欺己，便是"诚"，如此内外合一、表里如一，才是"诚信"的本质。

诚，这正是中国文化以浓墨重笔论述的重要内容。

《大学》里论到，"欲正其心者，先诚其意"，"意诚而后心正"，孟子所言的正义、正心，都是从"意诚"开始的。能秉真诚之性、能怀赤诚之心、能发坦诚之言，才能拥有正直的心、才能遵循正义的理、才能奉行正义的事。

而《中庸》又说："诚则明矣，明则诚矣。"心诚才能明了真理，明了真理才算真正心诚。所以，在不明理时作出的错误承诺，本就是心不正、意不诚的，怎能再信其行、顺其非，让错误更加荒谬地履行？

"诚者物之始终，不诚无物，是故君子诚之为贵。"诚，贯穿了万事万物的始终，不诚就没有万物，因而君子以诚为贵。这也正是"中庸"这一智慧思想的重要出发点，中庸之道的做法就是：本于诚、用于中、致于和。

"诚"是君子最看重的本心，先做到"诚"，而后才能达到《孔子家语》里描述的理想状态："言必诚信，行必忠正。"诚信这个词因而涵盖着内外两方面的意义：诚于中，信于外。

中庸之道要"本于诚"，诚信之道要"诚于中"，由此可见，诚之为贵，就在于它关乎着内心的本源，是为人为事的出发源点；若本末倒置，只要求表面行为的达标而忽略了对内心意愿的安顿，便是缘木求鱼，背离了"诚信"的本质意义。

战国时期子思在《中庸·第三十二章》说："唯天下至诚，方能经纶天下之大经，立天下之大本，知天地之化育。"只有天下最为真诚的圣人，才能掌握治理天下的根本法则，树立天下的根本德性，了解天地万物化育的道理。

国之诚信，在固邦，在安民；

人之诚信，在立世，在明道。

荀子说，“养心莫善于诚”，那么，正行莫善于信。

诚信为人，就是在养自我清洁之心，正自身坦荡之行；

诚信对人，就是在养天地浩然之气，正道义永存之风。

（五）精彩一刻

马克思主义学院老师点评

作为当代大学生，你们要诚实，真诚对待他人的言语和行动。严格要求自己，言行一致，不说谎话，作业和考试要真实的，而不是抄袭、作弊。

不轻易许诺，许诺或承诺的事情，我们必须努力。遇到失误，勇于承担责任，知错就改。

遵守法律、法规、校规和社会道德，养成良好的道德品质。

请记住：诚信是无价的！让我们从现在做起，从身边的每一件小事开始，做一个正直的好学生，做一个诚实守信的公民。

（六）践行承诺

诚实、守信是我们做人最起码的准则，它对我们的成长和成功都有着极其重要的意义。德国伟大的诗人海涅说：“生命不可能从谎言中开出灿烂的鲜花。”

我们正值青春年华，我们的生命含苞待放。让我们精心呵护我们纯洁的心灵，自觉自律，自尊自强，诚实守信，做文明学生。

九、班会总结

最后，讲求诚信，古已崇尚。从孔子的“人无信不立”到孟子的“诚者，天之道也；思诚者，人之道也”，从商鞅的“城门立木”到现代的《公民道德建设实施纲要》，无不体现着诚信，即：真诚实意，信守诺言，求真之意。

第十二节　社会主义核心价值观“友善”主题班会设计案例

一、主题背景

党的十八大提出，倡导富强、民主、文明、和谐，倡导自由、平等、公正、法治，倡导爱国、敬业、诚信、友善，积极培育和践行社会主义核心价值观。富强、民主、文明、和谐是国家层面的价值目标，自由、平等、公正、法治是社会层面的价值取向，爱国、敬业、诚信、友善是公民个人层面的价值准则，这 24 个字是社会主义核心价值观的基本内容。

“富强、民主、文明、和谐”，是我国社会主义现代化国家的建设目标，也是从价值目标层面对社会主义核心价值观基本理念的凝练，在社会主义核心价值观中居于最高层次，对其他层次的价值理念具有统领作用。它是社会主义现代化国家在社会建设领域的价值诉求，是经济社会和谐稳定、持续健康发展的重要保证。

“自由、平等、公正、法治”，是对美好社会的生动表述，也是从社会层面对社会主义核心价值观基本理念的凝练。它反映了中国特色社会主义的基本属性，是我们党矢志不渝、长期实践的核心价值理念。它通过法制建设来维护和保障公民的根本利益，是实现自由平等、公平正义的制度保证。

“爱国、敬业、诚信、友善”，是公民基本道德规范，是从个人行为层面对社会主义核心价值观基本理念的凝练。它覆盖社会道德生活的各个领域，是公民必须恪守的基本道德准则，也是评价公民道德行为选择的基本价值标准。“友善”强调公民之间应互相尊重、互相关心、互相帮助，和睦友好，努力形成社会主义的新型人际关系。

二、班会主题

不忘初心、继续前进——友善永相随。

三、班会目标

1. 让同学们认识友善的重要性。
2. 深入学习党的十八大提出的社会主义核心价值观，提高思想认识。
3. 将友善的优良品质运用到学习、生活中。

四、班会重点难点

一是将社会主义核心价值观——友善的具体内涵和意义，讲透、讲明。

二是引导大学生在日常生活学习中自觉践行，提高自身思想政治素养。

五、班会准备

1. 班会主题的确定，参与班会人员讲述内容的准备。
2. 班会所需物品准备。

3. 班会邀请嘉宾及评委。

六、班会形式

采用各种文体性的表演活动，如传统毛笔书法、小故事、朗诵、视频等。

七、班会流程

1. 纪律委员清点班上人数，宣布会场纪律，请全体人员把手机关掉或将其调为静音。

2. 主持人开场白，欢迎同学们的到来，宣布班会开始。

3. 观看视频《扶不扶》，同学们发言谈谈自己的想法。

4. 同学们讨论自己对友善的理解，之后主持人讲述友善的内涵。

5. 三则友善小故事。

6. 友善诗歌朗读。

7. 书法展示《友善》。

8. 团总支书记总结点评、辅导员总结点评。

9. 主持人宣布班会结束、嘉宾及评委离场。

10. 生活委员组织班委打扫教室卫生。

八、班会设计

（一）班会导入

播放视频：让同学们说说自己看完视频之后的想法，主持人把同学们的看法、想法总结在一起，引出本次班会的主题。

以上这段视频来源于网络上《女子被撞后无人施救，不幸遭二次碾压》。我认为，这段导入的视频，就是恰当地运用了多媒体，使班会导入成功有效。

班会的形式要符合青少年的特点；要不拘一格、丰富多彩；要充分做好发动、准备工作；要充分发挥学生的主体作用。要把班会的思想性、知识性、教育性、趣味性统一起来，融为一体。

设计意图：首先，导入要有针对性。在设计导入时，一定要针对自己设计的主题，来选择有针对性的导入内容，这样才能快速、有效地导入，才能让导入真正起到“导”的作用。

其次，导入要有趣味性。“兴趣是最好的老师”，能激发起学生学习兴趣的导入就是有效的。其实要做到让导入有趣味并不难，我们可以站在学生的立场去设计，时常关注学生感兴趣的东西，要做到常备、多备学生。

最后，导入要简明扼要。导入是活动序曲，序曲顾名思义就是开头、引子，它的作用就是“引、导”，宜简明扼要，直达主题。

（二）主题阐述

党的十九大把“不忘初心”作为大会主题的首词鲜明提出，体现出根本要义。“不忘初心”与“继续前进”是辩证统一的，“不忘初心”是“继续前进”的必要前提，“继续前进”是“不忘初心”的必然要求，“不忘初心”与“继续前进”是有机联系、不可分割的整体。深入思考“不忘初心、继续前进”这一科学论断，其蕴含了丰富的马克思主义哲学思想。

《华严经》中有句经文：“不忘初心，方得始终。”本意是说，潜心修学者，在修学过程中，只有不忘记自己的初心，才能持之以恒，坚持不懈，善始善终。

设计意图：在我国经济体制深刻变革、社会结构深刻变动、利益格局深刻调整、思想观念深刻变化的新形势下，在各种思想文化相互交织、相互激荡和国际金融危机爆发的复杂背景下，以社会主义核心价值体系建设为统领，切实加强改进和创新大学生思想政治教育工作，显得尤为迫切和重要。

（三）你言我语

1. 提问：什么叫友善？

答：友善是一瓢洒在春天的小雨，使落寞孤寂的人享受心灵的滋润；友善是一条流淌在夏夜的清泉，使燥热不安的人领略诗般的恬静；友善是一柄撑起在雨夜的小伞，使漂泊异乡的人得到亲情的荫庇。

答：友善，指朋友之间的亲近和睦。2012 年，中共十八大正式提出倡导富强、民主、文明、和谐，倡导自由、平等、公正、法治，倡导爱国、敬业、诚信、友善的社会主义核心价值观。友善，是处理人际关系的基本准则，是公民基本道德规范。指朋友之间亲近和睦。帮助他人，减少争执矛盾也是友善的一种表现。

答：友善是和煦的风，给集体带来温情！处世好比一面镜子，你对别人什么态度，别人也会回以你什么态度。你若孤高气傲，那么他人也会冷眼相对；你若真诚友善，那么他人也会笑脸相迎。一个不友善不愿容纳他人的人，集体也不会容纳他，他的骄傲只会落个孤芳自赏。一个十分友善乐于助人的人，集体也会乐意拥之入怀，一起享受集体的温暖。俗话说，送人玫瑰，手留余香，那么，何不送他人一个微笑，如春风般沁人心田。

答：友善是人与人之间一种珍贵的感情，没有虚伪的修饰，没有功利的色彩，它只是初次相逢时，一个阳光般的微笑；他人身处困境时，伸出的一双温暖的手；被踩到脚后，一声大度的没关系；得到帮助后，一句会心的谢谢你。人人无不希望生活在一个友好、友爱的氛围中，无不希望自己的周围充满善意、善举，然而生活中又有太多的纠葛，若都互不相让，针锋相对，集体又怎会温暖和谐？

2. 怎么做是友善？举例说明？

答：曾经读过这样一则故事，一个少年在企图行窃时，被躺在床上的一位女孩发现了。女孩并没有报警，而是装作不知道他是小偷，热情地邀请他与自己聊天。他们聊得挺开心。少年临走前，女孩用自己的阿马提小提琴为他拉了一首曲子，然后又把琴送给了少年。后来，当少年再去找女孩时，女孩因患骨癌已离开了人世，她青色的墓碑上镌刻着“把友善奉献给这个世界，所以我快乐”。少年从此变了样，他在贫困和苦难中重拾自尊，心中燃起了走出逆境的熊熊烈火！最终，昔日的少年成材了，在世界第一流的悉尼大剧院，他深情地拉起了悠扬的曲调——把它献给那位女孩。

小女孩善待少年，是为了体面地维护他的尊严。她也许永远不会意识到，她的友善、宽容和爱心——就如紫罗兰把它的香气留在那踩扁了它的脚底上，怎样拯救一个迷途少年的心，让他重新树立了信念，扬起生活的风帆。

一次友善的交谈，一首优美的曲子，就这样改变了人的一生！其实，温和与友善在生活中无时不有，无处不在，我也曾真切地感受过。

答：做一个友善的人，就是懂得微笑。不要总以一张冷冰冰的脸示人，拒人以千里之外。微笑是最好的交流语言，友善的人懂得微笑，对他人微笑，也对自己微笑。

答：做一个友善的人，就是保持一份冷静。不要遇到纠纷，就动辄睚眦必报或者拳脚相向，而要学会深呼吸，给自己留几秒钟冷静自己的情绪，理性地分析，该坚持的坚持，该宽容的宽容，该道歉的道歉，该担的责任主动承担。

设计意图：班会讨论可以最大限度地激发学生的学习兴趣，充分调动学生学习的主动性、积极性。讨论具有一定的民主性和自由探索性。在讨论的过程中，学生的思维呈开放的状态，不同的见解、不同的思路在讨论中碰撞、反馈，可以激发学生的想象力，促进学生思维的有序发展，提高思维活动的有效性，从而收到较为显著的教学效果。在加强学生的思想教育，提高学生的道德水平方面，同样具有十分重要的作用。既活跃了课堂的气氛，又让学生们得到最大的发挥，进而加深了同学们的记忆，让学生们学到的东西更加的牢固。

（四）精彩一刻

1. 视频的播放，让同学们的心沉静了下来，每个同学都在积极地发言，表明自己的观点，众说纷纭，但是他们的想法都是向着友善的方向。三则友善小故事和诗歌朗诵，也无法满足同学们喜欢听故事的心情。

2. 谁也无法拒绝中国传统文化书法的魅力，表演者用隶书书写了“友善”二字，最后表演者将它赠予同学以作纪念。

设计意图：通过生动活泼、寓教于乐、富有感染力的各种文体活动，让同学们深刻理解社会主义核心价值观的重要内涵；亦通过视频，鞭挞某一不良思想行为，达到教育目的，并增进学生之间的友谊和班级的凝聚力。

（五）践行承诺

《社会主义核心价值观行动誓词》

践行“富强、民主、文明、和谐”爱国家，
践行“自由、平等、公正、法治”爱社会，
践行“爱国、敬业、诚信、友善”爱人民，
践行社会主义核心价值观，为实现中国梦而努力读书！

《感恩词》

感恩天地滋养万物，
感恩党和国家培育，
感恩父母养育之恩，
感恩老师辛勤教导，
感恩同学关心帮助，
感恩工农辛勤劳作，
感恩世界和平使者，
感恩所有奉献的人。

设计意图：希望通过本次主题班会的活动，培养学生的成人意识、感恩意识、奉献意识、责任意识、进取意识，能够担当起公民的义务和责任。激励学生以不懈的拼搏实现自己的人生目标。本次主题班会开展各种形式的主题教育，以此提高学生对责任问题的认识能力和自我教育能力，加强同学们对责任的理解，加强对自己、对他人、对家庭、对社会与国家等的责任行为的反思，从而更自觉地约束自己的行为。同时，主题班会提供让学生展示自我的综合舞台，让学生有机会来展示自己的闪光点，培养学生的实践能力和创新精神，为同学形成正确的世界观、人生观、价值观创造条件和氛围，促使学生最终成为有较强责任感和事业心的一代新人，自觉践行社会主义核心价值观。

九、班会总结

在当今价值观多样化、文化多元化的社会转型期间，社会上存在的一些负面影响给大学生的价值观带来冲击。网络时代迈向无限沟通，在社会环境日渐开放多元的今天，大学生在生活方式、思想观念、价值追求、道德标准乃至美学趣味、时空观念上已经与前几代人呈现明显差异。社会转型期也是价值观的反思、裂变、更新和塑造时期，要把握社会环境的复杂变化对大学生的思想、观念、行为等产生的深刻影响，结合教育改革和教育观念更新的要求，重视每一个大学生健全人格的发展，这就迫切需要用社会主义核心价值观加以强有力地引导。只有用社会主义核心价值观影响大学生，才能使其明辨是非，引导其正确树立世界观、人生观、价值观，才能使祖国未来的栋梁坚定信仰，为建设中国特色社会主义事业作出应有的贡献。同学们通过本次班会，懂得什么是友善，为什么人与人之间需要友善，明白友善在生活中的重要性，学会做一个受大家欢迎、尊重的大学生。

书记最后的讲话让同学们记忆深刻，希望越来越多的良好品质在同学们的心中生根、发芽、开花。虽然说“金无足赤，人无完人”，但是同学们每一个人都应该在成长的道路上让自己更加完美，从而得到更多的人的尊敬和喜爱，实现挑战自我、战胜自我、完善自我、超越自我，做到诚实做人，团结互助，善待他人，快乐自己。

第七章　高职院校社会主义核心价值观师生征文选录

第一节　“富强”主题征文

精选征文 1

秉承“三马”精神　书写奋进之笔

前不久，在四川省教育厅公布的全省优质高等职业院校建设计划立项名单中，四川交通职业技术学院（简称四川交职院）榜上有名。

作为全省唯一一所交通运输类高职院校，四川交职院从成都忠烈祠坝街的成都交通学校，到眉山县（现眉山市）白马乡的四川省交通学校，再到金马鱼凫温江的四川交通职业技术学院，走过了 66 年风雨历程，经历了“成马”“白马”“金马”三个跌宕时期，乘着改革开放的东风，从中职升格为高职，再到国家示范高职院校、全国文明单位，累计为交通运输行业输送了 8 万余名优秀人才。

改革开放 40 年来，四川交职院弘扬“敬德修业、拓道致通”的校训，躬耕不辍、砥砺前行。现已将 45 个专业优化调整为 35 个，建成 10 个专业群对接产业发展。

近年来，四川交职院先后开展并推动高端技术技能本科人才培养改革、现代学徒制，并先后与近 200 家行业高水平企业开展深度合作，引企入校 16 家，建立了包括宝马、奥迪、一汽大众等品牌的校内外实训基地 500 多个。

同时四川交职院还携手行业领先企业和省内本科院校，开展高端技术技能型本科人才培养改革，通过“收徒”“学艺”“出师”三个环节，开展现代学徒制的研究与实践。

近3年来，四川交职院学生多次参加全国、全省技能大赛，并先后荣获国家级奖项51项、省级奖项72项。汽车工程系学生杨文浩在第44届世界技能大赛中荣获汽车技术项目银牌，实现了我国在该项目奖牌“零”突破，为国家争得了荣誉。

学院还组建了大师工作室、名师工作室、非物质文化遗产技能大师工作室等一系列大师工作室。四川省工程设计大师牟廷敏的“大师工作室”成立一年来硕果累累，先后获得部级科技奖2项、省级科技进步二等奖1项、省级技术标准获批出版1项，发表学术论文6篇。

我们在教学改革上不断坚持和摸索的同时，全院资源配置逐年优化，教学科研仪器设备总值达2.2亿元，学生人均实训设备1.5万元，固定资产总值达6亿元，实训场地面积达16万平方米。

在2012年4月28日，被称为“通往云端天梯”的四川雅西高速公路通车。四川交职院先后与凉山、甘孜、阿坝州人民政府签订战略合作协议，积极开展藏区“9＋3”免费职业教育、藏区“1＋2”职业教育，让我院评为全省“9＋3”免费职教工作先进集体。

目前，四川交职院已建有国家级、省级职业技能鉴定站（所）等机构，年培训鉴定和考试认证超过5万人次。值得一提的是，四川交职院作为武警交通总队在四川省唯一的教育培训基地，累计为全国武警交通系统培养官兵超过400名。

从2015年开始，四川交职院全面开启精准扶贫工作，并选派6名优秀教师干部赴通江、白玉等地深耕扶贫工作，成效显著。累计培训1310人次。

在2001年，与加拿大不列颠哥伦比亚理工学院合作。2017年10月21日，四川交职院迎来第一批老挝留学生。今天四川交职院2018级留学生新生已报到239名。

近年来，四川交职院校园环境明显改善：碧玉砚池再添新景、“鱼凫”号多功能教学实训船投入使用、体育场馆弘毅馆华丽开馆、校园主干道标志性景观、运动场重换新颜，还有多处休憩点方便师生休息。

2016年12月8日，在全国高校思想政治工作会议上，学院作了题为《创新党建联动机制　拓展立德树人渠道　为行业培养高素质技术技能人才》的发言，在全国引起了强烈反响。

为丰富校园文化生活，四川交职院积极开展大学生艺术节、宿舍文化节、校园读书节、创新创业大赛、技术技能大赛等活动。

走进新时代，四川交职院将全面贯彻落实党的十九大精神和全国教育大会精神，弘扬学院的“三马”精神，向着建成“行业领先、全国一流、国际可比、具有鲜明交通运输行业特色的优质高职院校”目标奋力迈进！

我们也相信改革不停顿开放不止步，中国会越来越好，我们的交职院也会越来越好！

（四川交通职业技术学院宣传统战部教师：杨鹰、罗超）

精选征文 2

四十年风雨兼程　昂首阔步走向辉煌

从 1949 年到 2018 年，从 1978 年到 2018 年。今年，我们迎来了祖国 69 周岁的生日，今年，也适逢改革开放 40 周年。从毛主席在天安门城楼上郑重宣告中华人民共和国成立了，再到邓小平宣布实行改革开放的伟大国策，祖国的发展日新月异。值此佳日，让我们一同去回味近几十年来改革开放的累累硕果，让我们一同祝愿我们的祖国更加繁荣昌盛！

1949 年 10 月 1 日下午 3 时，北京 30 万群众齐集天安门广场，举行隆重的开国大典。毛主席在天安门城楼上向全世界庄严宣告：中华人民共和国中央人民政府今天成立了！

1964 年，中国第一颗原子弹爆炸成功。

1970 年，第一颗人造地球卫星“东方红 1 号”成功发射，邓小平作为总设计师。

1978 年，中共十一届三中全会召开，提出对内改革、对外开放的政策。

1980 年，深圳特区建立。

1992 年，上海浦东新区建立。

1997 年，香港回归，中华人民共和国香港特别行政区正式成立。

1999 年，澳门回归，中华人民共和国澳门特别行政区正式成立。

2001 年，中国正式加入世界贸易组织。

2003 年，神舟五号载人飞行圆了中华儿女的千年飞天梦。

2008 年，北京举办第二十九届夏季奥运会。

2010 年，上海世博会开幕。

2016 年，墨子号量子科学实验卫星顺利发射同年“中国天眼”落成启用。

2017 年，C919 国产大型客机在浦东机场首飞成功。

2018 年，改革开放 40 周年。

从 1978 年到 2018 年，40 年来风雨兼程，一路艰辛困苦，而如今的成果也是让人惊喜不已。

从前，人们难以饱腹，野菜树根充饥，粮票兑物。而今天的人们早已知道均衡膳食，食疗身体。现代化的手机支付更是取代了传统的支付方式。

从前人们的穿着总是“新三年旧三年缝缝补补又三年”。而今天商场里的服装琳琅满目，网络购物更是走在世界前沿。随之健全的网购制度，更好地维护着消费者的权益。同时，与之共同成长的还有中国快递速度，短短几日，心仪的物件总能到达你的手中。

中华人民共和国成立后，在长江上修建了第一座公铁两用的大桥——武汉长江大桥，如今，中国建成了世界上最长的跨海大桥——港珠澳大桥。“中国制造”俨然已成为世界超级工程之最。2018 年 9 月台风“山竹”在广东登陆，台风登陆之后港珠澳大桥全线供配电系统高低压运行正常，各泵状态正常。监控数据显示桥上测到瞬时最大风力 16 级，而索力、位移、震动监测都在设计范围内。大桥让世界见识到了“中国制造”的力量！

从茶马古道到一带一路，它旨在借用古代丝绸之路的历史符号，高举和平发展的旗帜，积极发展与沿线国家的经济合作伙伴关系，共同打造政治互信、经济融合、文化包容的利益共同体、命运共同体和责任共同体。

我想坐上火车去到那修建在冻土层上的青藏铁路，去看看那儿纯洁无瑕的蓝天，去看看那里虔诚淳朴的人；我也想坐上“八纵八横”的高铁感受中国速度，去香港看那永远盛开的紫荆花，去西安感受那 13 朝古都的古风古韵，去深圳见证经济特区四十年来的辉煌成就。

今天的中国，国泰民安繁荣昌盛。

今天的我们，风华正茂意气风发。

时代在召唤，党和祖国在召唤。

实现中华民族伟大复兴，我们在路上！

（四川交通职业技术学院道路与桥梁工程系学生：晏俊杰）

第二节　“民主”主题征文

精选征文 1

民主之花灿烂

民主选举、民主决策、民主管理、民主监督，生活中好像处处都是民主，而民主究竟是什么呢？有人说，民主是不再三叩九拜高呼吾皇万岁，有人说民主是奸邪小人者人人得而诛之，也有人说民主是少数服从多数的社会定理。而马克思所说的，民主就是人民当家作主。

回顾历史，中国对民主的追求，事实上已经有一个半多的世纪了，自鸦片战争之后，一群先进的中国人就开始了对民主的孜孜追求，他们为之呐喊，为之奋斗，为之流血牺牲。中华人民共和国成立以后，初步形成了社会主义民主政治的制度体系。社会主义民主废除了那些限制劳动者权利的法令，它结束了各种资产阶级民主所共有的以性别、种族、出身、宗教信仰和其他强加的理由对人的歧视，真正实现了全体社会主义劳动者当家做主人。

“生命诚可贵，爱情价更高，若为自由故，两者皆可抛”，人们对于自由总是无限渴望的，而迄今为止，民主也是实现人的自由最好的，也是唯一的制度形式。就如达尔文所言：“民主较之其他可行的选择，可以保证公民拥有更广泛的个人自由。”人人生而自由，人人生而平等。每个人都可以选择自己的生活方式，每个人都是国家的主人。在社会主义民主制度下，出入学堂的不再是达官显贵家的子弟，每个小孩都享有受教育的权利。村民委员会、居民委员会、人民代表大会、人民民主投票选取出干部、代表，他们代表人民的利益管理事务，以及选出的人大代表参与到国家的重大政治决策。

我们都在一定程度上被赋予了管理国家的权利，对于国家政治我们有知情权、参与权、表达权、监督权。就拿危害社会和国家的最大公害腐败来说，腐败的根源是权力的滥用，因而对权力进行约束和规范就成了控制权力滥用和防治腐败的根本途径。经验表明，这一根本而有效的途径就是发扬民主，实现权利的分设和有效制衡，以有效地控制权力的滥用和杜绝腐败的泛滥。要实现社会的长治久安，根本的途径在于充分发挥社会主义民主。在社会主义民主的制度下，更多的人在法制的轨道内充分行使各种权力，加速了中国公民民主意识的觉醒。人们政治参与要求日益提高，作为一种有效的治理社会的机制，民主自发，及时地发现影响社会和谐的各种不正常因素，并发挥调节、矫治作用，维护社会的安定有序，有效整合各种社会资源、社会利益、社会关系，使社会结构获得平衡，保障社会的公平正义，增进社会的诚信有爱，激发社会的发展活力。

这是一个民主的社会，因此有句话这样说："农民翻身把歌唱；于是不再有男尊女卑，主子奴才，奴隶买卖。"人人生而平等，我们都是国家的主人。那么，请唱响时代的凯歌，愿人民民主之花灿烂，社会主义之枝干强壮，国家富强之树必将繁茂。

（四川交通职业技术学院信息工程系学生：罗婷）

精选征文 2

我眼中的民主

民主一词源于希腊字"demos"，意为人民。其定义为：在一定的阶级范围内，按照平等和少数服从多数原则来共同管理国家事务的国家制度。

民主与和谐一直是时代发展的主流，在不同的时期，民主与和谐也有着不同的内容。在我们每个人的心中，都有一个天下为公的理想社会：夜不闭户，路不拾遗。民主化程度达到最高境界，是人人心驰神往的世外桃源。

我心中有这样的美好期望。在我眼中，中国如同陶渊明笔下那个与世无争、丰衣足食的世外桃源，实现了"幼有所长，壮有所用，老有所养"，人们的日子渐渐富起来，到 2020 年将实现全面小康的美好前景。

我国不仅是社会主义民主政治，而且一切权力属于人民。人民当家做主的实现，意味着工人阶级和最广大人民群众的基本民主权利得到了保障与实现。

然而，世界上不存在绝对的民主，民主都需要一定的法律制度即专政来保障。纵观历史发展的轨迹，我们不难发现，社会的发展离不开民主。只有充分保障广大人民群众的权益，做到心系天下，那么国家才不会灭亡，才能兴旺发达。由此可见，民主与国家的命运紧密联系、不可分割。

而我国能达到如今的水平，离不开老一辈人抛头颅洒热血的建国之情，离不开现如今的建设者们的爱国之情，我国的民主得到了最大限度的实现。从出生开始我们就被法律所保护，长大成人时我们拥有民主选举的权利，我们可以代表广大人民向上传递属于他们的意愿，而人们最根本的权利不仅仅被保护而且被很好地实现，使人们能够幸福的生活，这是我们身边最切实的民主。

党的十八大提出了一系列的治国方略，使我国的经济、政治、文化得到了极大的发展，成为难以撼动的世界强国，不仅实现了振兴中华的愿望，而且为世界的和平与发展做出了巨大的贡献。我国现如今的实力与影响力丝毫不属于称霸世界多年的美国。这是我们眼中的民主推动的中国的发展。

我国的发展充分证明了社会的发展离不开民主，只有充分保障广大人民群众的权益，国家才不灭亡，才会更加的繁荣昌盛。

这是我眼中的中国，我眼中对大同社会的美好期望的实现、民主的最高形式，是真正意义上的民主社会。而我相信，总有一天我们会实现古时候人们所期望的“丰衣足食，夜不闭户，路不拾遗”的大同社会。

天下之大同时，必是世界之大同时；世界之大同时，则是盛世到来之时。

（四川交通职业技术学院经济管理系学生：陈章倩）

第三节　“文明”主题征文

精选征文 1

别人抱着孩子　我抱着书

当村子里面没有光纤，手机也只能用 2G，不擅交际的我假期在家唯一的娱乐就是看书。

一日应发小之请，抱着一堆书去解救同样无聊的他，结果刚出门就遇见隔壁邻居兼小学同学抱着自己快三岁的儿子经过，蓬头垢面的我有点懵，挤出个笑脸算是打了个招呼，在去找发小的路上我望着怀里的一堆书想：人家出门抱着孩子而我抱着一堆书，总感觉哪儿不对但又说不出个所以然，正想得入神的时候，发小从后面拍了一下我后脑勺，于是我抱着书追了他小半个村子。

跟发小随便一聊，惊奇地发现儿时一起上蹿下跳玩泥巴的小伙伴们几乎都已经为人父母忙着照顾自己的宝宝了，他们组建了自己的小家庭并为之努力奋斗着，可还在求学的我与他们殊途同归，也希望自己能够好好完成学业，期待他日壮志能酬，有所成就。

然而两年前的我却对那些早早步入社会的他们心存偏见，听说同学闪婚并且孩子已经满月的时候，会不屑地想：那么早就结婚生孩子真不知道怎么想的。我最后得出女孩子一定要多读书，结婚一定不要太早的结论，认为全世界的人都应该按照自己想的那样生活才有意义，才能体现自己的人生价值。可是如今随着时光的流逝，阅历的见增，我才恍然，没有哪种生活方式是错的，每个人的生活都应该由自己选择怎样去过。我不愿意去为了别人眼中的“好生活”努力，那我凭什么又要去评判别人的生活呢？

龙应台对安德烈阐述的读书之义：“孩子，我要求你读书用功，不是因为我要你跟别人比成绩，而是因为，我希望你将来会拥有选择的权利，选择有意义、有时间的工作，而不是被迫谋生。当你的工作在你心中有意义，你就有成就感。当你的工作给你时间，不剥夺你的生活，你就有尊严。成就感和尊严，给你快乐。”我想抱着书的我和抱着孩子的他们没有什么不一样。

返校的前几天，我出去跑步，又遇到发小一家，这次闲聊了几句，他给我讲了讲田间地里的庄稼、外出务工的收入，还打算着建大棚种葡萄并向我打听是否靠谱。我跟他讲我何时毕业，学的专业又能找一个什么样的工作。

然后发现当年那个挂着鼻涕要我暑假作业抄的小屁孩儿，能够清清楚楚的打算未来了。我虽然还在学校里天马行空地做着遥不可及的梦，但是至少目标明确并且已经准备好去追寻自己的理想。

分别时我看见他们一家牵手离去的背影在晚霞的照映下格外的温暖美好，一家三口一边谈论着晚饭要怎么吃，一边走进夕阳里。而我则去跑步，练习半程马拉松。并且期望在暑假瘦下去，还盘算着用兼职挣的钱去哪儿晃荡一下，然后开学还要再战四级观望司法考试。看起来我们的生活天差地别，可是我们并没有什么不同，因为我们都在努力地让生活变得好起来。

张爱玲说：“对于三十岁以后的人，十年八年是指缝之间。而年轻人，三年五载是一生一世。”这句话是我高一的班主任在高中的第一堂课跟我们讲的。当今年我抱着书遇到抱着孩子的发小时，我猛地想起这句话，和很多年前的那堂课，第一次那么真切地感受到书里话应验，我有些恍惚。

临走前去参加了一个比我小几岁的姑娘的婚礼，看着她笑意盈盈的样子我只想祝她幸福。而作为一个 9 月 1 日还能开学的孩子，我也觉得很幸福。而且我坚信，抱着孩子的她们和抱着书的我虽然殊途但是同归，因为我们都在以自己力所能及的方式让生活变得更好。

（四川交通职业技术学院运输工程系学生：李燕汐）

第四节　“和谐”主题征文

精选征文 1

你是我的大英雄　我也这样被你感动

都说长兄如父，而你给我的慈爱我要何处去寻呢?

从小到大，我们一路吵着，三言两语的不和也会让我们大打出手。那些时候，在我眼里，妈妈和外婆总偏袒你。说实话，我很“讨厌”你。

两年了，你走在我的前面，我在后面蹒跚着；你从不准备等等年幼的我，一个人急匆匆往前走。从来都是这样，我们也一直保持着这样的状态很多年，直到现在仍是如此。

四年了，我仍年幼，你却已经高出我许多。你一开口就说很多讨人喜欢的话，亲戚都说，那孩子真聪明。我们总在吵架，你一拳狠狠打在我的肩上，我也拼命地朝你还手。我们在宽敞的泥路上撕扯，他们没有看见我的弱小，也没有看见你的不忍让。

六年了，我终于可以背上书包和你一起上学了。妈妈很忙，不愿替我梳头发。而外婆埋怨我的头发太多，一双手捏不下，只好拿一根头绳草草扎上。我就这样跟着你去了学校。放学后，再一起回家。

八年了，那时候我偏科的势头已表现得很明显。你带回家的作业里有没填的空，我一把抢过，把所有拼音和字词“唰唰”填上。第二天，你告诉我说，你还做对了不少。带着一丝难以置信的口吻，当时的我，把它当作你对我的夸奖。

十一年了，你小学毕业，而我也到了所谓的青春叛逆期。是的，那时候我才 11 岁。但打架，逃课，无恶不作，估计所有人都觉得我无药可救了。但在你面前，我仍是乖乖女的形象，毫不张扬。

十三年了，我发现她们太“宠爱”你了，爱的天平总往你那头“倾斜”。你依然不改本性，我也一样。我们见了面还是会吵，吵得不可开交。每一次我们的争吵都是以你笑我哭为结局。现在想起来，我从小到大哭泣的理由最多的，都是因为你。

2008 年，是我的毕业季。脱离了幼稚的外号和昔日的好友，我带着顶好的语文成绩和烂得掉渣的数学成绩去了当地的初中。还好，我和你又在同一个学校了，只是你在最好的班级，你也不会在上下学时和我一起回家，我们再也回不去小学时的日子了。

2010 年，你初中毕业了。你想去的学校最终没能去，我们都惋惜。而你并不介意，你一直这样乐观，态度总是豁达。这一年，你买了你的第一个手机，我和你一样兴奋。是从这一年开始，我们见面的次数越来越少。

2011 年，你 17 岁的生日，我央求周围的同学发了十七条短信给你，祝你生日快乐。这是我唯一记得我做过的让你感动的事。我没让他们告诉你，给你祝福的人是我。我们一直如此，以彼此都不知道的方式爱着对方。这一年，你甚至剪了很帅的光头当作自己的生日礼物。我想象着你走在校园里，有很多人惊奇地看向你。我问你不会感到难堪吗？你回答说，做自己喜欢做的事，做真实的自己，不需要惧怕别人的眼光。也是从这一次开始，你的同学叫你气质派，我也深深觉得你那颗光头还真可爱。

2012 年，我初三毕业了。你依旧爱用言语中伤我，挖苦和嘲讽我，我已不像当年，非要和你针锋相对。我身上的刺少了很多，而你还是没变。我始终都能感觉到家人对你的偏袒，但我只是这样默默埋怨你。15 岁以前，我是个不注意细节的人。所以很多共同的回忆我都只能慢慢摸索着将它一点一点拼凑出来。我是这样敏感的一个人，所以我记恨了你那么多年。

2013 年，又是你的毕业季，你一点都不担心你的未来，也不见你紧张过。我问过你想要考哪所大学，你说只要现在走好该走的每一步就对了，要相信，车到山前必有路，走完必走的路程就必然有该有的结果。这一年你考了 534 分，就像你说的那样，你有了自己应有的结果。只是你不满意，我也一样。你去了成都理工大，没录到你报考的会计，录取通知书上是大大的广告设计。气质派永远是气质派，你并不消沉、低落，你说要做一个杰出的广告创意人。你是那样聪明，知道该如何与人相处，也知道很多我不知道的事情。一直以来你在学习上没有付出太多汗水，但你凭着自己的才智总是能与学习“和睦相处”。

2014 年，陈奕迅在成都开演唱会的那一天晚上，你跟我留言说，等我去工作了，就带你去听陈奕迅的演唱会。在此之前，我并不知道，你一直是关心我的，才会了解我崇拜的人是谁。而这算是一个承诺吗？当我看到这条留言的时候，我真的有想要流泪的冲动，那是一种名为感动的情绪。这是第一次因你想要落泪，却不是因为我们的争吵。同年 6 月夏七夕在成都开签售会，我跟你提起这件事，没想到你也真的顶着大太阳，随着人山人海替我排队等签售，这让我足够感动。夏七夕在扉页上写到“来日方长，我与你并肩”。这也是我想对你说的，余生还长，我会和你并肩前行。

去读大学的那一天我格外地想念你，但也只是那一天。后来你远在他方，我们却毫无联系。我们不会思念彼此的，因为我是这样一个不懂得思念为何物的人，而我更不懂得你的心思。只是每一次我迷茫的时候，总会想起你。你18岁之后，开始有了变化，比以前睿智了更多，只是你爱对我说教了。在你回来的那个假期表现得尤为明显。那些天，我很不愿意见到你，因为我知道你在家的日子不多，我更想保持和平。但还好，有那么几天温情满满的日子，你跟我讲述你的大学生活。你们学校举办的“理工好声音”，你当了学校某部部长，当了校园记者。对了，还有开学前的班委竞选里，你走上台引经据典侃侃而谈，最后当上了副班。这让我想起了初中时你在演讲比赛中拿得了第一名。这让我不得不承认，你一直是一个优秀的人。

在我17岁后的每一年生日，你总会给我发一条长长的短信，里面的词句有嘱咐，有关爱、有鼓励，还有期待。我高考失利读了不喜欢的大学，生日时你告诉我生命中总有不如意，而我们总要前行，总要认真生活。别人对我说再多，怎么就不及你一句话给我的感动呢？看完你的短信，我总是泪流满面，而我，才不会让你知道呢。

那么，亲爱的老哥，你可不可以原谅我之前那么久忽略你对我的爱，也因为妈妈和外婆的“偏心”让敏感又自尊心很强的我一直怨你、怪你。

但是呐，即使我们有那么多年的不和睦，那么多年的吵吵闹闹，我却是从心底敬佩你。

从前忘了告诉你，我最爱的是你。现在想起来，我最爱的还是你。对不起，是我的粗心大意和不懂表达，竟让我们之间少了太多的故事。你身上很多东西都让我羡慕，我一直佩服你，当你是我的偶像，而你就是我生命里的大英雄啊。你总在我迷茫时告诉我该怎么做，在我失落时安慰我说明天太阳照旧升起，在我期待未来时给我出谋划策。

从前没讲，现在要说多谢你。来到我的生命里。让我在前进的路上有了可追逐的方向。以后的我会更珍惜，珍惜我们每一个交集，每一段精彩的时刻。

因为我们是兄妹，我们身体里流着一样的血液；因为我们是亲人，我才会发现这些生命里的美好和感动，在我的生命里留下深刻的印迹。我开始踩着你的影子步步前行，我的大学规划，我的生活，我的兴趣爱好，你一说我就信了，我就听了。而我，怎么越来越像你了？

亲爱的老哥，我的大英雄，谢谢你给我的感动。重于泰山的爱我已感受到，很感谢你，陪伴我十九年的成长，支撑起我一生的信仰。

（四川交通职业技术学院运输工程系学生洪文琪）

精选征文 2

制全则达　心聚而强

今年 10 月，在经过长达一年的申报后，四川交通职业技术学院信息工程系 2015 级移动通信专业通过重重审核，获得了由四川交通运输厅颁发的“青年文明号”荣誉称号。该系城轨 14 级 1 班、2 班，物联网 15 级 2 班，移动 15 级 1 班、2 班五个班级也获得了院级的“青年文明号”。“青年文明号”是为表彰先进，树立典型，充分发挥模范集体带头作用而授予的综合性奖励称号，其申报、考核过程极其复杂、严格，仅仅是“青年文明号”管理办法的文件中的硬性要求便多达 39 条。

“我们是离学生最近的人，学习和生活我们都要关照。”

学院 2015 级移动通信专业是一个 56 人的集体，其中 4 名入党积极分子，56 名共青团员，全部在“志愿四川”服务平台上注册为青年志愿者，服务平均时数达 45 小时。班上 52%的同学分别在系学生会、院团委等学院各类学生组织担任干部。两学年全班 10 寝室中 90%被评为文明寝室。在过去的两个学年中，先后获得五四红旗团支部、先进班集体、院级青年文明号等多个奖项。

“同学们刚刚入学时，我们班便建立了许多小目标。比如优秀班集体、青年文明号先进集体等。这一次被评为厅级青年文明号，是我们过去两年不断努力的结果，也是同学们大学学习生活最好的见证。”2015 级移动通信专业辅导陈敏老师在接受记者采访时说。

在进行验收时的前一学期考试不及格人次（含补考，重修）不超过总人次的 10%，是“青年文明号”申报的硬性条件之一，也就是说 56 个人的班级中最多不能有超过 6 个人补考或重修。班上曾经有过一位女同学，大一刚来的时候，每天心情很低落，不爱跟同学交流，甚至有想要退学的念头。在陈敏老师的观察和私下了解后，得知她是一名孤儿，敏感而自卑。于是陈老师通过安慰和鼓励的方式去开导她，给她信心，鼓励她多参与各种活动；在经济上，介绍她去学院的勤工部，挣取一些生活的补助。就这样，她重新拾起信心选择继续留在了学校，在自己不断的努力下学习成绩也直线上升。“我们是离学生最近的人，学习和生活我们都要关照。”陈老师这样说。

“我们一向注重规划并开展有连续性、系统性的活动。”

除了遵循严格的管理条例，信息系团总支还设立了许多常规性活动。如“白领精英”系列大赛。在比赛中组织同学们就打字、演讲等基本技能进行竞赛，并邀请企业人员进行指导、点评，解惑答疑。

“我与图书馆天天有约”也是信息系长期开展的特色活动。活动中系部会组织学生到图书馆学习课本内外的知识，在提高学生的阅读能力之余，更重要的是丰富了学生的课外知识积累，提升了学生的职业素养。信息系也与中兴通讯智慧交通学院合作开展过古装在学院活动。该活动以弘扬中国传统文化为主旋律，倡导学生们学习传统文化，弘扬传统文化的精粹。15 级移动通信专业 1 班班长回忆说，记忆比较深的是有次在二食堂举办的中秋晚会，同学们的参与热情很高。晚会中的团队游戏，不仅让他明白了团队协作的强大力量，也让他感受到了信息系的温馨。

要促进学生全面发展就不得不重视学生干部在学生中的模范带头作用。“九层之台，起于垒土”。信息系团总支书记常洁老师告诉记者，学生干部的培养一直坚持一种“传帮带”的方式。系部每年都会请高一级的学生、团总支书记或党委书记对全体大一班委进行系统培训，教会他们如何做好自己的工作，成为一名合格的干部，如何协调工作与学习。

（四川交通职业技术学院汽车工程系学生李星星）

第五节　“自由”主题征文

精选征文 1

观《肖申克的救赎》有感

虽然我不是第一次看《肖申克的救赎》，但是我的感官和心灵第一次震撼了，是的，是由内心深处发出的人的感叹。1994 年的奥斯卡颁奖典礼上，《肖申克的救赎》与《阿甘正传》共同争夺最高奖项，如果说《阿甘》是一个梦，那么《救赎》就是一种生活。生活远比梦境更残酷，作为输者，《肖申克的救赎》虽败犹荣。反复看了几遍之后，我深刻体会到影片对于“自由”和“救赎”的完美注解。

电影讲述了这样一个故事：银行家安迪被诬陷杀害了自己的妻子及其情人，安迪被判终身监禁来到肖申克监狱，日子久了他与瑞德结为好朋友，并且依靠自己的聪明才智帮狱卒们“合法”逃税，帮典狱长洗黑钱，以此换得自己与囚徒朋友们稍宽松的待遇。为了充实自己与狱友，他不厌其烦地给州政府写信。皇天不负有心人，几年之后，他们终于得到了渴求的书籍、唱片。日子就这样一点点流走，一个偶然的机会，安迪知道妻子被杀其实是另有其人，并告诉典狱长，希望能够得到支持，不料被典狱长关了一个月小黑屋，这时候，贪婪的典狱长已把安迪当成了自己的摇钱树，甚至不惜杀害知道真相的新囚徒。安迪对于法律公正的幻想破灭后，终于不动声色地走上了自我救赎的道路，他在一个电闪雷鸣的夜晚，通过自己挖了19年的地道，爬了5个足球场般大的下水道，在雨夜重获自由！出狱后的安迪告发了典狱长，肖申克得到了“救赎”，典狱长吞弹自杀，狱卒们被捕。安迪改头换面，拥有新的身份与瑞德在一个墨西哥的阳光小镇海边相视一笑。

这部影片带给我一个信念——任何时候都不要失去对生命的希望。尽管灰色的高墙隔开了鸟语花香，尽管逼仄而烦闷的监狱令人感到窒息，尽管日复一日的体力劳动令人感到了无生趣，但“我”就是不放弃希望，不放弃努力，耐心的等待生命中属于自己的辉煌，永远相信自己！

影片中的经典台词，最喜欢的是这一句：I guess it comes down to a simple choice—get busy living or get busy dying. 是的，生命可不是这两种选择吗？要么忙于生存之道，要么赶着去死。总有人，悲天悯人，没有生活下去的勇气，片中卖书的老人布瑞克斯就是这样一个形象：他说他太老了，太累了，于是在旅馆里结束了自己的生命，没有人知道。安迪和瑞德虽受到“制度化”的摧残，却始终没有失去对生命的追求。而是以一种冷静、积极的态度去面对新的生活。

“你知道，有些鸟儿是注定不会被关在牢笼里的，它的每一片羽毛都闪耀着自由的光辉。”当听到安迪在昨夜逃出了监狱，瑞德坐在草坪上这样想着。安迪这一形象看上去懦弱，却有着十分坚强的意志。他不怕毒打，坚持信念，他从不做无谓的挣扎。他聪明有学识、乐于助人，活得有尊严，绝不放弃希望和自由。

还记得当安迪爬过去足球场大小的下水道，暴风雨仿佛巨大的花洒，为重获新生的安迪沐浴，他因为摆脱了监狱的束缚，重获自由而狂叫。而暴雨过后，一切重归于好，一切尘埃落定。

最终胜利的，是安迪，也是自由与勇敢，公平和正义。

（四川交通职业技术学院学生邹旭）

精选征文 2

杂　感

寝室外有一方小小的阳台，这阳台之于我，好似那地坛之于史铁生。

我始终以为地坛的存在，在当今是颇有些尴尬的。论王权比不上故宫；谈神权，天坛又在它之上。于是它默然了，静静地滋养了地缝中孱弱的草，墙角边瘦小的花，等待着，等待着那个几百年后，摇着轮椅，姗姗来迟的青年。

那方小小的阳台也是这样。它承载过千百人或沉重或轻盈的脚步而并不只是一个人的孤芳自赏，和楼下的操场相比，面积也就多少有些羞涩了。

那青年终日摇了轮椅到地坛里去，看往来的人，看缝中的草，墙边的花，看天空里流转的云，他思考着，思考着自己未知的将来——在一个最不羁的却丢失了双腿的年龄。可是他终于将用脚走不到的地方，用笔的铁蹄一一踏尽。他的身体被囿于小小的轮椅之中，对他而言，轮椅之外的世界就是绚烂如春的，而他也终于用了那自由的思想驰骋于、翱翔在那不是春天的陆离春景之中。

可正如奥茨维辛没有什么新闻一样，我的天空中也没有什么值得被提起的东西，这几天，天总是阴着，雨也始终下不下来，就这样低低地垂着，垂在天边，垂在心口，让人有一种说不出的烦闷，手猛地一挥，本渴望将这满天的乌云撕开些微的缝隙，好泄些明媚的阳光进来，却只挥到一团缥缈的空气，无声无息地消散了。

青年的身体被囚禁着，可思想却是自由的。我的身体虽没有什么大障碍，可思想呢？我试图宽慰自己说：身体健康怕是更重要些的，可我却不敢去想没有了灵魂的躯壳，算个什么东西。青年的绚烂世界在轮椅的那一头，而对我而言，几百米远的围墙外的世界，就会是有颜色的。白天，那里有停停走走的车，夜里，那有明明灭灭的灯，那灯一闪一闪地，将我的意识引导到一种十分模糊的状态，在这样的状态里，小小的红灯闪烁成了浮动的光子，好像一伸手就可以抓住。可摊开手掌，仍旧只是一团缥缈的空气。梦，就这样醒来。

在这浓稠的夜里，我总会产生一种错觉，觉得自己好像被投在冰冷刺骨的深海里，慢慢沉下去，眼睁睁地看着那仅有的、微弱的光线一点点从眼前逃走，想发声，却只吐出几个浑圆的气泡；想伸手，却只看到柔软的水，灵活地从手指的缝隙间游走了。史铁生在轮椅里越坠越深的时候，应该也会有这样的体验吧，这种体验好像已将孤独无助的感受演绎到了极致。

但我与他终究还是不同。我沉下去，是在等待一声号令，一个战机，待到那时便从最深的海底破浪而出，穿透逼人的云层，在澄明的蓝色天空中划出一道长长的烟迹。而那轮椅中的青年却只得在水里披星戴月地歌唱，直到很久很久以后。

我比他更幸运。

（四川交通职业技术学院机电工程系学生赵若愚）

第六节　“平等”主题征文

精选征文 1

恰同学少年　风华正茂

时光荏苒，转眼之间，在这座新的城市，新的学校已过去数月，算算时间已然接近一年，一切都显得那么平静，所有事都随着既定的轨道前行着。

“随心走过青石小道”

“任飘飞的柳絮落于肩上”

“抑或是静静地站于石桥之上”

“看那调皮的鱼儿跃出水面”

这些，都不过是青春留下的痕迹，在点缀着当下的每一分，每一秒。

犹记昔年，又到了六月高考季，还记得去年此时此刻的你吗？匆忙地过着高中岁月，说着那些年所特有的豪言壮语。虽然每一天都觉得是那么的倦累，但，因为不甘落于人后，所以会一次又一次地努力站起。而我找到了一个可以支撑自己的理由，继续走下去。每一次当期望被现实碾压破碎之后，都会有深深的失落，但是，我还没有到达既定的目的地，所以，没有什么理由可以让我放弃。

在那些青春岁月里，喜欢一个人静静地依靠在石窗前，看教学楼外仓促而过的学子；看那耀眼阳光之下的苍翠群山，这样我就会知道我将要前行的方向在哪里！不敢懈怠不前，不能彷徨无措，因为会迷失方向，劳碌一生而无所得。

回望那三年的得失，三年的苦涩与快乐，终都过去了，终不过是岁月长河里的一朵浪花罢了。为了考上自己理想的大学，过上自己想象中的大学生活，我们十年寒窗磨一剑，那些刻骨铭心的日子如今仍旧历历在目。在拿录取通知书的那一刻，才深刻地理解通过自己的努力完成一件事情是多么的有意义。

而今，离开了那座宁静的小城，别了那熟悉的绕城小河；不去想太多，我只需要知道路在前方，蔓延到未知的远方，而我一直都在路上，需要踏实地去走一遍就好。栉风沐雨我们一同走过，风雨同舟抵达美丽的校园。而你是如何对待自己这十多年来辛辛苦苦的付出呢？

活在当下

如今，我们生活在年少时期所畅想的大学校园，而有所不同的是，少了年少时的豪情满志，更多的是肆意挥霍。

“早上八点永远爬不起床”

“不想去上课，老师点名叫同学喊到”

“趁舍友在外面打电话叫他回来时带份午餐”

“凑齐五人，立马开黑”

这就是现在我们生活的真实写照。本该拼搏的年纪，我们却戴着“学生”的头衔肆意挥霍着，漫无目标拿着父母每个月固定寄来的工资，在学校里过着天使般的生活。即使做错了事，我们也会拿“学生”这个挡箭牌来麻痹自己，虚晃他人。如此般的“冠冕堂皇”！

“花有重开日，人无再少年”，这句已烂熟于心的励志语录因为太过“平凡”与“频繁”而对其产生了免疫。或许你会在深夜翻手机时滑到“人民日报”所推送的一篇鸡汤文而懊恼自己如今的无作为，从而捏紧拳头，瞬间醒悟，为自己定下一系列努力的计划与目标，而次日醒来日子却还是照旧。“间歇性踌躇满志，持续性混吃等死”于这一刻表现得淋漓尽致。

著名主持人杨澜有一次问赵薇：“你为什么要读研究生？”赵薇回答她说：“如果不能作为一名演员而成名，我也希望自己有点儿知识，我不愿做一只井底之蛙，等年纪大了才发现，原来是我荒废了生命！”最可怕的不是有人比你优秀，而是比你优秀的人还比你更努力！

重驶前行

我们都是有梦想有追求的人，不要因为路途艰辛就放弃了前进的脚步。追寻梦想的过程是苦涩的，只有经过磨砺的人生才会拥有更多内涵。不要让不安的心被浮躁所占据，而是架起灵魂的翅膀在校园里汲取知识，学会在不同层次的人群中学着更好地做人。三年的时间坚持很难，放弃却很简单，当你抱怨着本学期的课程如此之多时想想那些还在“专升本”的同学们。要“近朱者赤”，而不是“近墨者黑”。

大学是一个充满才华、学问，同时又是一个充满竞争、挑战的小舞台、小社会。我们每一个同学就在这个舞台上扮演者不同的角色，那我们何不努力将自己的角色扮演到最好！恰同学少年，风华正茂，指点江山，激扬文字。是时候重铸思想，把握命运的方向盘，行驶回正确的路线了！

（四川交通职业技术学院学工部供稿）

精选征文 2

我和你的故事

我和你原本是两条永远没有交点的直线，最后也不知道从哪里开始改变，让我们遇见，也许从我填下你的名称开始，便注定我这一生里都会有你的影子。

从高考而言，我是某种意义上的失败者，当我来到这个陌生的地方，心里带有强烈的抵触以及后悔的情绪，抑或对你很轻视，就像是一个陌生人，虽然很和善却从心里保持着距离。第一次踏进这里，入眼的是穿着统一服装的志愿者、四处张贴的标示语，就像在告诉我这是一个崭新却对我敞开怀抱的环境。

渐渐地适应这里，生活步入正轨，就像一壶正在烧沸的水，袅袅上升的蒸汽像是我的世界——学生会、班级、课程四处奔波忙碌，好像那个曾经失败的阴影已经远离我，而那个强大的我在慢慢生长。无论曾经有多么不甘或者不愿都木已成舟，而现在我所脚踏的土地才是情之所系，我为之服务的团体才是我心之所向，我为之坚信的宗旨才是我奋斗的方向。我很感谢你让我遇见了更好的自己，懂得失去的和抓不住的都要及时放开，未来是一个未知数，而现在唯一能确定的只有目标。朝着自己确定的方向奋力奔跑，带着自己的梦想、期待与盼望。

傍晚的砚池像一面平静的镜子，坐在湖边的长椅，轻柔的风吹过，好像再次回到熟悉的柔软的家乡。那份宁静和依赖独一无二，如果还有什么让我更为铭记，是上课路上那两行整齐的银杏树和常青树，最爱是周围安静时走在它们的下面，好像自己被笼罩在一片巨大的阴影之下或者是一个巨大的怀抱里，一种强烈的归属感，就像被置于一片羽翼之下而自己就有了依靠。回忆和前路总是一朵双生花，当一段时光逝去，总是要去回想它，就像清净的亭子，葫芦在静静地悬挂着，盆栽在静静地等待着，因为长椅下会有像我一样在发呆的人。也许在想着初见这里，走过这里的每一道身影，将会在这里留下怎样的回忆。

我曾经就像一个孩子带着单纯与憧憬扎进你的怀里，你牵引着我走上我的人生道路。我也曾经像一个热血沸腾的青年带着冲动和倔强挑战你的底线，你却提供一个平台任我去翱翔。我也像一个迟暮的老人伤春悲秋，你却微笑着告诉我这里的你永远为我疯狂。谢谢你我亲爱的交院，在我失意时给我一个港湾去奋起。谢谢你我亲爱的交院，在我迷茫时给我一个方向去前进。谢谢你我亲爱的交院，在我离去时给我无限的回忆。

当你经受岁月的摧残和洗礼无论多久过去，我都会爱着你黑白钢琴键的笑容。就像我和你的故事不会有结局，因为我永远为你热泪盈眶为你骄傲自豪。

（四川交通职业技术学院学工部供稿）

第七节 “公正”主题征文

精选征文 1

崇尚公平正义

公平正义，现在早已是大家耳熟能详的词了。但到底什么是公平正义，不是一两句话能说清楚的。人们对公平正义的理解，可以说是仁者见仁、智者见智，莫衷一是。

我曾看过一本名叫《公正》的书籍。作者迈克尔桑德尔教授是正宗的“专家”。关于公正，这位资深的专家这样写道：“要看一个社会是否公正，就要看它如何分配我们所看重的东西”。所看重的东西，可以是物质的，比如财富；也可以是非物质的，比如机会。但它们都是人人想要的稀缺之物。如果把这些人人想要的东西，分得皆大欢喜，让“每个人都能得到其所应得的”，那么，这就是公正。近日我又读到一则古史，感触颇深。东汉冀州刺史苏章“今天请友饮酒畅叙旧情，明朝开堂审案秉公执法”，看到这我不禁由衷地敬佩与赞美。他将贪赃枉法之好友，在家宴中飘飘然“人家头上只有一顶青云，而我却得天独厚有两顶青云”的清河太守绳之以法，在公正无私中撑死了“一顶青天”。

在春秋时有这样一个故事，一天，晋平公问祁黄羊：“南阳县官缺额，你看派谁去最合适?”祁黄羊想了想，说：“派解狐去最合适!”晋平公觉得很奇怪：“解狐不是你的仇人吗，你为什么要推荐他?”祁黄羊答道：“你只问我什么人最适合这个职位，并没有问我解狐是不是我的仇人呀!”晋平公采纳了祁黄羊的意见，派解狐到南阳去上任，解狐很有作为，为当地百姓办了不少好事，受到人们的称颂。祁黄羊放下了心中的仇恨，将自身的情感置之度外，只为公平公正，毫无个人情感，因此他为社会谋得利益，为百姓谋得幸福。他的公正无私值得我们尊重与敬仰。历史在延续，时代在发展。翻越历史长空，穿越时光隧道，我们更要深刻体味“一顶青天”，大力提倡公正无私精神，使其历经岁月的磨砺而愈加灿烂辉煌，禁受时空的洗礼而愈加晴空万里。公正是社会主义核心价值观的灵魂，它不仅是引领社会进步的价值观念，而且在社会主义核心价值观体系中也居于主导地位。习近平总书记强调“把促进社会公平正义作为核心价值的追求”。可见公正对这个社会乃至国家的意义。

古人云“勿以善小而不为，勿以恶小而为之”，我们需要“千里之行，始于足下”的正确认识，愿我们都能够与廉洁诚信同在，与公平正义同行，从我做起，从现在做起，继续了解学习反腐倡廉的知识、故事和人物，自觉把“廉洁公正”作为心灵的准则和行动的指南，培养“廉洁、诚信、公正、俭朴”的品德，将来做一个凡事公平公正、遵纪守法的好公民，为全社会的公正风气建设作出自己的贡献，为祖国、为自己创造一个更加美好的明天!

（四川交通职业技术学院道路与桥梁工程系学生漆泽新）

精选征文 2

公正为何物？

“公正不但必须做到，为了令人信服，它还必须让人看到。”——比奇科默

何为公正？它究竟可以给我们人类社会带来什么？当你因疑惑而去搜索百度百科时，你会看到它是这样解释的：公正，伦理学的基本范畴，意为公平正直，没有偏私。没错，我们所认识的公正，在英文中为 justice，英语中的 jus 本身就有法的意思，公正以 jus 为词根演变而来，也说明了这一点，任何一个社会都有自己的公正标准。但是，公正并不必然意味着“同样的”“平等的”。那为何我们国家的社会主义核心价值观中要明确地提到公正一词呢？这里的公正意义又不一样了，它代表了社会公平和正义，它以人的解放、人的自由平等权利的获得为前提，是国家、社会的根本价值理念。然而在我们充满了爱与“恨”的社会中，公正就像比奇科默说的一般，它为了让人信服还必须让人看到，从“包龙图怒铡陈世美”的王子犯法与庶民同罪，到“秋菊打官司”的只愿讨个明白，人们一直都在执着地追求这样简单而又复杂的两个词——公平与正义。

因此，我国提出了社会主义核心价值观，立志建立一个“自由、平等、公正、法治”的社会，它不仅反映了中国特色社会主义的基本属性，而且体现了我们党矢志不渝、长期实践的核心价值理念。自由是指人的意志自由、存在和发展的自由，是人类社会的美好向往，也是马克思主义追求的社会价值目标。平等指的是公民在法律面前一律平等，其价值取向是不断实现实质平等。它要求尊重和保障人权，人人依法享有平等参与、平等发展的权利。法治是治国理政的基本方式，依法治国是社会主义民主政治的基本要求。它通过法制建设来维护和保障公民的根本利益，是实现自由平等、公平正义的制度保证。它们与公正相辅相成，共同为中国人民绘制了一副美好的画卷，并且这副画卷在中华民族复兴的过程中将成真。

公正，自古以来，就是人们说得最多的话题，不论是在庄重严肃的会议场所，还是在充满生活气息的超市街角，人们都会提到并想要得到，让人看到。就拿 2012 年底的异地高考来说，围绕异地高考问题，一些非北京籍学生家长与北京籍学生家长在网上展开讨论。一方认为，只有消除歧视，让随迁子女享有与本地孩子同等的高考机会，才是公平的体现；另一方则认为，若放开户籍

限制，就会影响本地孩子升学机会，这是不公平的。公正概念是在人们物质生产实践中产生的，其具体内容总是反映着一定历史条件下的经济结构和经济制度。在社会发展的具体阶段，不同利益群体之间的人们相互斗争、相互妥协，公正就是人们对处理和调节各种社会关系所形成的规矩和制度的认可。我们政府在积极整改，落实公正，这就是为了让人们看得到！

公正，它在我们身边的每件小事中体现，它涉及了我们国家每个方面，公正为何物？“仁者见仁，智者见智。”

（四川交通职业技术学院轨道交通工程系学生张雪）

第八节　“法治”主题征文

精选征文 1

带刺的罂粟

1996 年 4 月，呼和浩特一女子被掐死在公厕内。报案者呼格吉勒图在案发 62 天后被枪决。2014 年 12 月 15 日上午内蒙古高院作出再审判决。撤销原一审判决和二审裁定并宣告呼格吉勒图无罪。

在这样一个社会意识增强的时代，对法制的忠诚，即是对民本的回归。

可是常常在我们谈到法律的时候，总会给人以神秘威严崇高的感觉。其实，法律与道德、习惯、宗教、纪律一样，都在规范着人们的行为。正是由于这些规范的存在，这个社会才会如此有序，我们的权利才得到应有的保障。

我们继续把视线转回到内蒙古呼格吉勒图再审案，从 1996 到 2014 整整时隔 18 年，人民的民义不会因为年限的久远而被消磨。2014 年 12 月 15 日，内蒙古自治区人民检察院决定成立调查组，对检查系统造成呼格吉勒图错案负责的人员展开调查。最终原呼格吉勒图专案组组长冯志明涉嫌职务犯罪被捕。同时内蒙古高院宣告原审被告人呼格吉勒图无罪，并向其父母送达了再审判决书。2014 年 12 月 30 日，内蒙古高院依法作出国家赔偿决定，决定向其父母支付赔偿金 2059621.40 元。而此案最大的意义在于：是使疑罪从无的法治精神更加彰显。从呼格吉勒图案的平反过程、审理方式、对自认真凶的犯罪嫌疑人的追诉等，错案问责势必成为后案明鉴，使执法者谨慎。

事实证明，法律世界是社会法则的一种理性表现形式，宪法则是国家的根本大法，是治国安邦的总章程，适用于国家全体公民，是特定社会政治经济和思想文化条件综合作用的产物，集中反映各种政治力量的实际对比关系，确认革命胜利成果和现实的民主政治，规定国家的根本任务和根本制度，即社会制度、国家制度的原则和国家政权的组织以及公民的基本权利义务。

宪法，就是作为中国人民应该遵从的信仰标准。而这幅信仰的盾牌，释放的是自由的力量，铸就的是权利的牢笼，看不到却又无处不在。它其实就像空气、水、面包一样，时时刻刻的在我们身边，须臾不曾离开。正是它，使人类远离丛林法则，创造今天灿烂而辉煌的文明。就像河流离开河床就会泛滥；大雁离开雁阵就会坠落；电脑离开防毒网络就会瘫痪一样。我们人类如果没有“红灯停，绿灯行”，交通就会不便利；如果没有杀人偿命、欠债还钱，社会就会混乱……因此，我们需要这样的一张网来带给我们安全感。

今天我们是青少年，明天我们就是国家的建设者。维护宪法尊严，保证宪法实施，是每个公民的神圣职责。

（四川交通职业技术学院学工部供稿）

精选征文 2

弘宪法　扬国恩

国无法不立，家无法不存。一个民族的强大，离不开民族优良的制度；一个国家的兴盛，更离不开国家宪法的保护。弘扬宪法，张扬国恩，是每一个中国公民应尽的责任。

古有商鞅变法，以法立制兼约束与变革齐存，促使秦王朝合六国，并天下，走向顶峰盛世。

人类初始时期如飞奔的野兽一般，无拘无束，肆意妄为，没有任何宪法制来约束这份理所应当的疯狂，所以那个时代人们生活动荡，到处颠沛流离。但当出现一些简单的制度时，人们的行为却不约而同地产生了一些更改，促使人们的生活走上正轨。而这些看似简单而粗暴的规章制度，却如雨后春笋，逐渐壮大，并枝繁叶茂，给予人们一个新的世界观和价值观、人生观；恰如寒冬烈酒，温暖人心，给予苦难中的人们对未来美好世界的期望。而这些看似理所当然的改变，终究归功于当时的规章制度，也就是逐渐演变至今的宪法。发人深省，促人深思，一切因它而不言而喻；平凡的宪法中，总有一些不平凡的味道，值得你去耐心品味，细心钻研。人生百态，皆因它而起。

宪法的与众不同，在于它的公正严明。

“天子犯法，与庶民同罪。”法律面前，罪无大小，一视同仁，绝无例外。即使作为一个领先于世界的强国子民，在法律面前也一样，不看强大与弱小，不论贫穷与富贵。宪法始终坚持它自己的本色，不管是美国公民，叙利亚难民，还是中国公民，在它面前无一不展现自己羸弱的一面。因为它是公平的，不偏向任何人，洗人污浊，还人清白；因为它是严厉的，徇私枉法总逃不过它的法眼。

宪法赋予人们地位，让人们得到理所应当的尊重；宪法规范人们的生活，赋予人们理想的生活；宪法给予人们公平，让世间充满欢乐；宪法赋予我们的远远不止这些，它给人们带来的庇护如午夜春雨，飘然而下，润物无声。让我们以宪法之名，歌以咏志。

祖国啊！你可知道我对你的深情，对你的感激。

乌鸦反哺，云长华容道释孟德，受滴水之恩，当涌泉相报，自古到今，人们依然遵循着这千古不变的真理。受国家多年恩惠，拥宪法多年之特权。我们又有什么理由不存感激之情，不留期许之心呢？“居庙堂之高，则忧其民；处江湖之远，则忧其君。”岁月匆忙无情，转眼流逝，不管多么歇斯底里的努力，我们始终不能拓展生命的长度，但我们至少可以拓展其宽度，实现自己的价值。当我们仰望蔚蓝的天空时，感谢天空赐予我们开阔的胸襟；当我们俯视辽阔大地时，感谢大地的载物之情；当我们受宪法恩惠时，我们应该感谢祖国赐予我们的公正严明。

中华人民共和国成立前夕，《中国人民政治协商会议共同纲领》为临时宪法，为以后宪法的发展奠定基础。随后成立了《中华人民共和国宪法》，思想明确，方针到位，从此为新中国的建立开辟了一条崭新的道路。作为新一代祖国的接班人，我们更应该认真负责，积极主动地去学习《中华人民共和国宪法》，为祖国的繁荣稳定作贡献，爱我中华。

瞬息万变的新时代，与时俱进的新中国，在一代与一代人的传承下，变得越发美丽。让我们担起这份荣誉与责任，弘宪法，扬国恩。

（四川交通职业技术学院学工部供稿）

第九节　“爱国”主题征文

精选征文 1

别了，那一段峥嵘岁月

回想起当初怀着对军人的崇拜、对军装的向往、对国旗的崇敬、对祖国的热爱、对心中信念的坚持，我进了国旗班。不知不觉，已整整两年。我和我的战友们从青涩走向成熟，从陌生到熟悉，从普通的同学情逐渐变成深深的战友情。在国旗班这个温暖又坚实的大家庭里，我们共同经历过一年枯燥乏味的训练，一起鼓励彼此走过了最难熬的日子，从未想过放弃，因为我们是为了自己能真正担负起扛国旗的重担。

我站在五星红旗下，总感觉她在召唤我们，她给我们无穷的力量，她在等着我们成为出色的国旗班战士那一天。终于，我们从上一届旗手手中接过了这面鲜艳的五星红旗，那一刻的神圣感至今记忆犹新，那份热情让我无比激动。一份光荣的使命已经交给了我们，因为对国旗班的热爱，因为有坚定的信念作为强大的支撑，从我们这一届开始就做好了充足的革新准备，下定决心一定要把国旗班发展壮大起来。

在经历的一年新生训练中，我们吸取了不少的教训，总结出不少的经验，并将这些宝贵的财富全部投入到对下一届新生训练中，对他们的训练将会更加严苛，我们相信只有把他们逼到一定的程度才能激发出他们的潜能，才能让他们在枯燥乏味的痛苦训练中去体会军人那份坚韧不拔的精神。

我们付出了无数的汗水和伤痛，但仍然认为这些都值得，因为我们同甘共苦，明白了战友情深，发扬了特别能吃苦、特别能忍耐、特别能坚持的国旗班战士的精神，我们为我们的坚持感到骄傲，也为我们付出的努力感到自豪。

我们的使命即将结束，国旗将交到下一届战友的手中，我们每个老队员的心中都是复杂的。要离开这个特殊的集体，我们有千万个不舍。还留恋每周一早晨我们整齐着装走向旗台的时刻，那铿锵有力的正步，每一个洪亮的口令。现在想起来，一切都是那么的珍贵。我们迎着东方的晨曦，怀着赤诚的情意，伴着庄严的国歌旋律，升起了国旗。

两年过去，我们从新兵变成了老兵，我们又脱下军装，做回普通学生。在国旗班经历的峥嵘岁月是我们青春最好的回忆，穿过的这身军装是我们青春最好的成人礼。希望下一届的国旗班战士能时刻提醒自己是国旗班的形象，担负起国旗赋予你们的使命，不要辜负你们即将穿上的这身军装，继续发扬国旗班的精神，传承优良作风，我们仍然与你们同在。希望你们牢记：只有你们每个人给国旗班创造了荣誉，才有资格去接受国旗班带给你们的荣誉，才有资格说国旗班每个人都是好样的！

在国旗班的岁月我无怨无悔，今后无论在哪里，我们都会以一颗赤子之心，爱国敬业，踏实勤奋，认真对待每一天！

（四川交通职业技术学院2013级国旗班学生郑黎倩）

精选征文2

国之栋梁　国之安全

安全，安全是什么？安全是当人走投无路时，满目疮痍的心突然被灌进了希望，是天灾国难面前，对自己的国家充满了自信力，是国际冲突时，我们也可以安稳地走在康庄大道上。

此次国家安全教育主题班会顺利召开，教育之中也激发了我们对于国家安全的深思。反观近几年的局势，中印冲突，一带一路，中美贸易战，国际形势严峻在即。活在当下，国家给予了我们幸福感、安全感，我们很庆幸能有这一份安全感，因为我们并没有生在和平的年代，只是生在了和平的国家。在各种隐患、危机潜在的当今，我们也要给国家一份安全感，而身为大学生的我们，在当前的国际形势，在国家安全面前又该有怎样的态度和做法呢？

人人都说我们是祖国的花朵、国家的栋梁，正如房屋有了栋梁才能支撑住庞大的结构，故今日之责任，不在他人，而全在我少年。因此，国家安全教育对于我们大学生具有重要意义。

“少年智则国智，少年富则国富，少年强则国强”，梁启超先生对我们青年一代寄予了深厚期望。“生于忧患，死于安乐。”作为新时代的主力军，大学生在和平的时代，仍要树立起忧患意识，居安思危，维护国家安全是我们大学生义不容辞的责任，是党和国家对每个人的基本要求。

我们要把国家利益放在首位，对于有损国家利益，危害国家安全的行为要及时举报并加以制止。同时，积极培养爱国主义精神，肩负起维护国家安全的职责，提升综合素养。

法无授权不可为，法定职责必须为。维护国家安全不仅仅是一种义务，更是一种责任，一种担当，是我们每个人都不能越过的法律底线。要时刻保持忧患意识，让国家安全的意识在每一个中国人民心中深深扎根。国家安全是立国之本，国家的稳定为我们提供了舒适的环境，而国家安全又离不开我们每一个人，二者是相互受益相互促进的关系。

国家兴亡，匹夫有责，青年亦有责。我们要践行新时代赋予我们大学生的使命，争做国之栋梁，力护国之安全。

（四川交通职业技术学院学生张义勇、王世杨、陈醒）

第十节　“敬业”主题征文

精选征文 1

不忘立德初心　方可幸福前行

各位领导、各位老师，下午好！

我是思政部的李玲玲。很荣幸成为教师代表作本次发言。

今年是我在交院工作的第 12 个年头，也是我从事高校思政课教学的第 12 个年头。12 年是一个生肖轮回。站在新的起跑线上，我想用这短短的几分钟时间，跟大家分享我的初心和感受。

1. 不忘初心就是学高为师，身正为范。但对于一个刚刚加入思政队伍的新人来讲，要做一个什么样的思政课老师，这个问题并没有深入思考过。直到一年后的 2007 年，一位叫韩万斋的教授给我们做了一场名为“国歌”的专题讲座。韩教授其实是一位音乐家，但他用广博的知识、丰富的阅历给我们上了一堂生动的爱国主义教育课。虽然时间已经过去 11 年了，但是直到今天我依然记得，几乎所有的学员边流眼泪边唱国歌的那一幕。据说，直到现在，年过古稀的韩教授依然活跃在各地的讲台上，任何时候，只要学生想听，他都愿意义务开讲。也就是从流着眼泪唱国歌的那一刻起，我默默告诉自己：一个音乐老师都可以把爱国主义讲得如此深刻，作为一名思政课老师，没有任何理由不上好思政课。我要像韩教授一样为学生点亮理想的灯、照亮前行的路，做一名马克思主义理论的积极传播者。

说实话，我不是一个聪明的老师，但我一直在做一个认真、努力的老师。在我的办公桌里至今还保存着三本数万字的手写教案，那是从2006年开始写下的。如今教案本早已泛黄，也不再拿到课堂上使用，因为早已换了新的电子教案，也因为那些内容早已印刻在大脑里。但至今我仍然保持着手写资料的习惯。这三本厚教案我也会一直珍藏下去，它们时刻提醒我不忘初心，不忘当初我做思政课老师的目标；不忘当初我与学生沟通的那份亲和力；不忘当初我在上课前先听一遍部门其他老师的讲课，然后收集资料，再把教案内容一字一句写下来的那种一丝不苟的工作态度。

2. 做一个有幸福感的思政课老师。美国著名社会心理学家马斯洛曾提出了需求层次理论。他认为人类需求从低到高按层次可分为五种，其中最高层次是自我实现需求。层次越高，越难实现，但实现后的愉悦感、幸福感会越强烈越持久。也有人说：幸福感离不开金钱，但并非钱越多幸福感越强。的确，有时幸福感和钱没有多少关系。它或许仅仅来源于一段段温暖的文字，一个个微小的举动。

在我家里，至今还保存着一封学生来信，其中有这样几句：李老师，我从来没有逃过您的课，不是不敢，而是不想。上课只睡过一次觉，并且只睡了5分钟。上您的课我喜欢上了邓小平，慢慢地我开始懂得什么叫坚强。我想您在学生心中播下的种子，明天一定会开花结果。李老师，等我们事业有成时，就带着妻儿回来再听您给我们讲一次思政课。其实至今我都不知道这个学生的名字，因为在信的落款处只留下了“环艺08－1”。我承认，每每读到类似的文字，带给我的成就感和幸福感是买一个最爱的新款皮包完全无法比拟的。

我常常在想，我只是做了一个思政课老师该做的工作，但学生回馈给我的却是满满的真诚与信任。作为一名思政课老师，不可能成为物质上的富翁，但学生给予的精神财富是我不断进步的动力。

记得有位学生在网上给我留言说：祝李老师桃李不言，下自成蹊。桃李不言，下自成蹊，这是我追求的美好人生，而我才刚刚出发。

谢谢大家！

（四川交通职业技术学院马克思主义学院教师李玲玲）

精选征文 2

牢记使命　责任担当

各位领导、老师、同学们下午好，在第 34 个教师节来临之际，首先祝大家教师节快乐，也向所有获得优秀荣誉称号的教师们致以最诚挚的敬意，向你们看齐，向你们学习。

我自 2012 年来到四川交通职业技术学院，至今已经 6 年了，6 年时间，见证了学院的飞速发展，一个台阶迈向另一个台阶，我认为我们赶上了交院的好时候，前辈们辛苦种下树，我们分享着他们的成果，滋养着我们后辈的成长，在此诚挚地感谢付出辛勤劳动的前辈们，没有你们就没有我们的现在。正是在你们建立的基础上，在学院培养与领导的关怀下，在教师们的互帮互助和学生、家长们的殷切期望中，我们才能施展拳脚，展现自我，实现抱负，才能使我由一名中学教师迅速转变为一名大学教师，由助讲变为讲师，由一名懵懂、不谙世事的愤青逐渐变为理性、平和的成年人，眼界不断开阔、知识不断增长，能力不断提高，是你们为我人生的 6 年着上了绚丽的色彩，再次感谢你们！

感谢之余，我也反思如何对得起所有这些帮助我成长的人们？如何对得起教师这个职业？我认为最重要的是要有责任意识和担当精神。今年，学院派我去新疆，虽然有很多不舍，但还是毅然地收拾好行囊前往。我抛家舍子，去那大漠孤雁的边疆，住着简易的宿舍，吃着不如交院食堂的伙食，每天要到凌晨一两点才睡觉，教着一群语言沟通不是很顺畅的民族学生，一天学不完的文件，开不完的会……我认为我已经算得上有责任意识和奉献精神了，然而看着新疆交通职业技术学院的领导和老师们所做的一切，才觉得我做的这些又算得了什么呢？他们 1 个人干着两三个人的活，与民族学生结对子，每周进对子学生的教室、寝室、食堂，找他们谈话、做记录；超课时量地上课，1 个月轮流 3 次的应急值班、加强值班，随时都有可能的紧急会议和紧急任务，党的十九大召开期间的大干 50 天，两会期间的大干 20 天（50 天、20 天不回家，住在学校，教师们几乎处于 24 小时待命的状态），驻村、支教任务，一年的“学肃反”活动，无数次的发声亮剑，学校的其他安排……面对着这些，没有教师提出任务太多或不是他的工作范围而不做，也没有教师提出要提高待遇，大部分教师坚持带病上班，因为他们都清楚每个人的任务都多都很重，一旦自己缺位，就会增加其他人的负担，所以自己能坚持就尽量坚持。曾经听见过一位教师私下交流时说：“我们都在学校上班，孩子上幼儿园都没有人接送，只有同事、朋友谁有时间就帮忙一下，都成了百家孩子！”这可能是学校大多数教师的情况，他们这样做是为了什么？还不是为了民族之间的团结、社会的稳定和国家的繁荣发展，边疆教师用行动说明了什么是责任，什么是担当，什么是舍小家为大家。想想以前抱怨工作太多，工作量太大，工资太少，学生不好教，不想教……是多么的不应该。因为当你选择了教师这个职业时，也就意味着选择要耐得住寂寞，受得了清贫，有不好教的学生更要尽力去教好，因为这是教师的基本职责，如果教师不教学生，还能教谁？没有学生教的老师还是老师吗？

老师们，我们的责任重于泰山，我们的教育影响着一代又一代的学生，中国的未来、祖国的希望到底怎么样，关键在于我们，让我们不忘初心，牢记使命，继续前行，守好自己的一段渠，种好自己的责任田，为我们的教育事业挥洒青春，为我们中华民族的伟大复兴贡献力量。

（四川交通职业技术学院马克思主义学院副院长李冰梅）

第十一节 “诚信”主题征文

精选征文 1

诚信公益短信

三更灯火五更鸡，早归早睡要早起，
饭前饭后要排队，不要总和别人挤，
课堂多读圣贤书，考试不用再作弊，
文明修身悟真理，诚实守信严于己，
互帮互助创共赢，做个社会好公民。

（四川交通职业技术学院航运工程系学生刘浩粮）

精选征文2

诚信交院

花就是花　果就是果
甜就是甜　涩就是涩
言行一致　抱诚守真
忠信乐易　传守不渝
你君子一言　驷马难追
我一诺千金　张口不悔
开诚相见　开心见诚
披肝沥胆　披心相付
言必信　行必果
谎言不能开出生命的花朵
诚信人人　人人诚信
诚信交院将奋力前行

（四川交通职业技术学院经济管理系学生陈春燕）

精选征文3

“诚实守信”公益短信

丁零丁零响叮当，
期末考试不慌张，
准备齐全上战场，
选择填空我不慌，
前若有题拦路虎，
先放一旁不用管，
心若有虫挠痒痒，
想歪脖子想张望，
看看诚信考试章，

失分失绩不失德，
文明考场靠你我。

（四川交通职业技术学院建筑工程系学生胡广川）

第十二节 “友善”主题征文

精选征文 1

告别时我们没能热泪盈眶

樱花开了一拨又一拨。我们永远不知道那些被风拂下的樱花会飘向哪里，就像我们永远也无法知晓明天和意外哪个先来临。在有限的时间里，趁着还有力气，用心对待值得深交的人，用力去爱值得爱的人。否则，这一转身很可能从此万水千山了。

——题记

恍惚间思绪就翩跹到了 8 年前那个夏天。开学时班上转来了一位新同学——罗巡。他是来我们班借读的，老师要我们多多关照他。大家都异口同声回应好。声音被拖得老长，长得让窗外樱花树上的蝉鸣声都显得格外兴奋。

罗巡走进教室的时候是下午，霞光从西边窗户投射进来，照在他身上，衬得他的脸颊白皙极了。他形削肤苍，唇色暗淡，但眼神却炯炯有神。这样的他让我莫名想要靠近，他一个人初来乍到肯定很需要朋友吧，我这样想。于是我向老师申请做罗巡的同桌，我们慢慢成了好朋友。

他很爱做梦，而且他也很喜欢给我讲梦，那些梦在他的描述下显得特别有趣。他说他梦到早上在街边吃包子，吃着吃着，盘子里的包子突然变成了一只小小的鸟儿，他说想要送给我。我说，那是梦啊，你怎么送给我呀。他马上从口袋里掏出一颗晶莹剔透的弹珠说，要不送你这个吧。我高兴地接过来，捏着，眯着眼睛对着明亮处看了看，放进了我的百宝箱里。他说他生病了，去过很多地方，那些地方的医院、学校他都待过。已经习惯了消毒水和孤独的味道，也习惯了不停地转学、换校。他说他看病花了家里很多钱，我问他有多少。他用手在空气中画了一个超大的弧，仿佛要把整个宇宙囊括，说有一间房子那么多。

第二个夏天来的时候，我个子蹿得特别快，迫不及待地想要和他分享这份喜悦。然而我发现他并没有去学校。我想，他或许又转学了吧，或者又生病住院了。虽然这是他习以为常的事，但是我作为他在这里唯一的好朋友，对于他的消失，我却隐隐感到不安。一周之后我忍不住把忧虑告诉了爸爸。我期待着能再次联系到他。爸爸答应帮我打听，于是那段等待答案的时间在记忆中变得好长好长。我经常拿着那颗弹珠，趴在窗口，眼巴巴地盼着爸爸带着好消息回家，仿佛虔诚的教徒在进行某种仪式。

那时我对金钱以及病痛没有概念，以至于后来爸爸告诉我，罗巡在我发现自己长高的那个夏天因为白血病去世的噩耗时，我整个人都是懵的，我的人生第一次被死亡的阴影席卷。12 岁的我，尽管对离别没有太大的感触，也不畏惧死亡，可对于好朋友猝然离世这样的打击，却很难承受。那个爱讲梦给我听的男孩，是我生命中第一个以死亡的方式离开我的朋友。他就像大人嘴里吐出的烟，有形有色有味道，却转瞬即逝，无迹可寻。

我想起他奇怪的路姿，苍白的脸颊，暗淡的唇色，稀疏的头发……原来是白血病。想起他每天吃大把大把的药，孱弱的身体似乎没有好转过。想起他开朗的性格，明亮的眼睛，超出我们年龄的笃定和平静，以及对所有朋友的友善……原来他一直都在努力地与病魔抗争，只是我们不明白也不知道，甚至在他离开的时候都没能同他好好告别。

世事无常，他就像夏日傍晚里的一阵凉风，在徐徐拂过我的脸颊后就转瞬即逝了。时至今日，他的模样早已模糊不清，我也忘了我们之间说的第一句话和最后一句话，我们甚至没见最后一面，而唯一留在我记忆里的是他给我讲梦时的神色表情，那么认真、那么清晰。他的岁月停留在 12 岁，而我的生命仍要继续。我不敢忘记，也不可以忘记。

我们永远不知道明天和意外哪个先到来，在天灾人祸面前，生命显得那么脆弱，甚至不堪一击，来不及说一声再见。

韩寒曾在《后会无期》中说道："每一次告别，最好用力一点。多说一句，可能是最后一句。多看一眼，可能是最后一眼。"是啊，人生就是不断地放下，然而痛心的是，还没来得及好好告别。所以就让我们把身边人每一次相遇都当久别重逢来重视，或许这样的珍视可以减缓有一天离别时的伤痛。

每一次遇见，都要认真遇见。每一次告别，也要认真告别。愿你今后珍惜之人皆是珍贵之人。驻足停留的时候，就用力拥抱吧，哪怕即将告别，至少还有机会热泪盈眶。

（四川交通职业技术学院运输工程系学生罗冰冰）

精选征文 2

给南乔的一封信

南乔：

你好，分离已久，你还好吗？听杜拉斯说，人一开始回忆，就开始变老。我想我是又老了那么一些。

南乔，我不提过去，我想同你说说我小时候的一桩事。

想必你儿时去公园游玩时也看过套圈的把戏吧。那一排排的奖励，有瓷做的小人儿、弹珠、布偶娃娃，于那时候的我来说，实在是不小的诱惑。每每经过那些小摊儿时不免停下脚步，流连其中。母亲见我如此，总说：“那都是商人糊弄人的把戏，商人在竹圈上使了些功夫，套不牢的。”

我看了看正在套圈的人，站在画好的白线前面，手里拿着一个竹圈，跃跃欲试。手肘上环着的那几个竹圈，总给人势在必得之感。

看准心仪的东西，小幅度晃动手上的竹圈，然后兀地抛出。只看竹圈朝着目标物飞去，却只在周围蹦来跳去，不肯定下。好似有戏，却什么都没套着，孤零零地倒在一旁。

我看着套圈人手腕上那一串未使出的竹圈，总觉得下一个就能套着。套圈人或许也是这么觉得的。虽然一个个圈蹦出去，但依旧两手空空，人也就作罢走了。我看着一个个人来了又去，大多是怎么来的怎么去，也有些信了母亲的话。偶尔有人误打误撞套着了旁的奖励，虽不是自己最初想要的，却也是份运气。可我并不认为自己能有那样的运气，再想想母亲的话，便觉得更有道理。也就从未轻举妄动过。

直到一次我在套圈儿的小摊儿上看中了一只瓷碗，刻了些许花样，青蓝得十分可爱。我看见它便觉得或许自己也会是个幸运儿，便向母亲提议想试试看。

母亲看了看那只瓷碗，问道：“可有什么不同？只是普通不过的瓷碗。”

“不一样的，看见瓷身上的花样了吗，是不一样的。”

母亲见我恳切的样子，答应让我试试。于是我也就成了套子里的人，圈在里面。同前面的大多数人一样，手里的竹圈全数耗尽，我依然一无所获。不同的是，年幼的我并不如前人聪明，并不知道适时止损这回事。我总想着它是自己的囊中之物，想着拿它盛饭吃一定会很香。

我向母亲说道："母亲，我想要那只碗，让我再试试好吗？得了它，我保证不再要求其他了。"

母亲见我没有走的意思，也知道竹圈上的伎俩。拗不过我，便去同老板商量买下了那只瓷碗。

我捧着青蓝色的碗，非常高兴，挪动了步子，随母亲上了公园的游船。

我将刚得来的宝贝没入水里，碗在水光的映衬下清幽得越发好看，我用碗舀了些水向远处泼去，那天阳光很好，水珠剔透，闪闪发光。我想泼得更远些，手也就更用力了。倏地，碗脱手飞了出去。

我看着它沉了下去，像脱了线，消失在我的视线里。

回过神的我哭了起来，告诉一旁的母亲刚才的一切。

"它只是沉了，以后总有人捞到它，只要不碎就好。这种事以后多着呢。"母亲淡淡地说。

以后多着呢，什么意思？

现在想来，那话真是可怕。那时的那只碗像极了后来遇到的珍贵百倍的人和物，我珍视它们，却也一一脱手而去，有些甚至是碎了的。

不碎就好。

像极了你我。

那天你问我，你我为何总是分离。

或许，南有乔木，不可休思。不碎，就好。

（四川交通职业技术学院学生颜德容）

第八章　高职院校社会主义核心价值观融合“劳模工匠进校园”活动实践——典型人物先进事迹选编

第一节　“劳模工匠进校园”活动典型人物先进事迹——蔡向阳

【人物简介】蔡向阳，湖南省高速集团有限公司郴州管理处处长，研究员级高级工程师。1990年毕业于长沙交通学院（现长沙理工大学），参与了长沙湘江北大桥、安徽铜陵长江大桥、宜昌悬索大桥、南昌新八一大桥等多座大型桥梁的建设。2000年调入湖南省高速公路管理局后，先后参与衡枣、衡炎、汝郴等高速公路的筹备和建设。获得过“江西省南昌市劳动模范”“湖南省重点工程建设先进个人”（记一等功）、“全省交通运输系统工会工作最佳支持者”等荣誉，多次被湖南省交通运输厅、湖南省高速公路管理局、湖南省路桥公司评为先进工作者、优秀共产党员。2010年获“全国劳动模范”称号。

奋斗不息成大道　赤诚无悔报初心

有一种追求，看似平淡渺小，却成就着不凡的业绩；有一种坚持，看似朴实无华，却辉煌着精彩的人生；有一种责任，看似安静如素，却守望着不变的承诺；那就是劳动者的初心和担当。

每个人都是劳动者，劳模也是普通劳动者，劳模精神，贵在坚定初心、坚守信念、坚持梦想。全国劳动模范蔡向阳在平凡岗位上，从普通技术员做起，脚踏实地，埋头苦干，只问耕耘。

一、坚定初心，奋力奔跑，前进路上只有起点没有终点

蔡向阳小的时候，记忆最深的是被父亲带着回老家东安，那过程真叫艰

辛！火车、汽车、三轮车、摩托车，最后还得步行，晴天一身灰、雨天一身泥，那是必然。天刚蒙蒙亮出发，深夜到不了。他深切地感受到了祖国交通落后之痛、百姓行路之难。那时他的梦想是，祖国道路多宽广，火车、汽车遍地忙；长大要为祖国建桥梁，在广阔天地里能够手握图纸，挥斥方遒，让天堑变通途；这就是他选择交通作为毕生职业的初心。

1989 年 7 月，蔡向阳从长沙交通学院（现在的长沙理工大学）毕业，选择去了施工企业——湖南省路桥建设公司，直接沉到施工一线，到了安徽、湖北、江西等偏远山区，从施工员、技术员干起。

20 世纪八九十年代，山区修路架桥条件异常艰苦，施工管理的项目部选址往往不通路不通水不通电，更别说互联网了。

当别的同事都在睡觉、打牌时，蔡向阳白天扎在工地上，晚上就窝在宿舍查资料、看图纸，积累了丰富的施工管理经验。

蔡向阳先后参与了湘江北大桥、湘潭二桥、安徽铜陵长江大桥、南昌新八一大桥、宜昌悬索桥、南京雍六高速公路的施工管理和技术工作。期间，他积极参加研制工作，应用 8 米大节距自行式前支点挂篮、采用钢围堰与桩基共同组成永久受力结构、灵活运用裸塔法爬模技术等当时领先的施工设备、施工工艺和技术手段解决了铜陵长江公路大桥的施工技术难题。

1995 年建南昌新八一大桥，蔡向阳从工程科长干到项目副经理，在主墩 4 米大直径钻孔灌注桩施工时，他主持采用可回收外桁架式单壁钢套箱施工方法、简便易行的热散方和单壁外桁架式套箱，H 型承台分区、分期施工等新工艺，相继解决了承台施工、2 号主墩承台 1212.5m 的大体积砼水化热等难题，为南昌赣江八一大桥创下国内同类型桥建设的最快速度起到了决定性的作用，为此，他荣获了 2007 年南昌市劳动模范称号。

在湖南路桥工作 11 年，蔡向阳从与农民工同吃同住同工作干起，那些成长，至今记忆深刻，成了他人生一笔宝贵的财富。干过装卸工、搬运工，做过钢筋绑扎、打过混凝土、挂过模板、烧过氧焊电焊，还开过推土机、吊车、装卸机等。每一份经历、每一种工作都让他领悟颇多。在施工企业这些年，经常要面对孤独，面对突如其来的危险。蔡向阳记得，他自己连续有 7 年春节都是在工地上过的；建湘江北大桥时，他在船上指挥模板吊装，突然被另一艘在附近施工的船给撞入了湘江，好在救援及时，才没酿成严重后果；南昌八一大桥施工时，突然有一根拉索断裂，他迅速进行了有效处置，避免了人员伤亡。当一个人经历了这些生死考验，对责任与担当就会有不一样的诠释，蔡向阳更加坚定了自己的初心。

2000年11月，蔡向阳调到省高速公路管理局，任衡枣高速永州工作站站长，完成了从施工方向业主方的角色转变。工作站是位低责大、职小任重，质量、安全、进度、投资面面俱到。他放下身段，重新出发，从学生做起，向同事学、向领导学、向各方学，积极组织所管辖段施工单位优化设计、优化施工，成立QC小组，实行科技攻关，如积极探讨和解决红砂岩路基填筑技术、岩溶路基、黄土路基压实技术，督促施工单位应用粉喷桩加固软基处理技术，采用节水保湿养护膜养生等新技术、新工艺，为衡枣高速提前建成通车做出了突出贡献。

2004年10月，蔡向阳被安排到衡炎高速筹备组，负责前期筹备工作。在工程项目可行性研究报告、行政许可批复、施工图设计等方面做了大量工作，为衡炎高速按期开工做了大量工作。

岁月无居，时光如流；雄关漫道，英雄竞风流。每一段经历、每一点成长，他都真诚以待，视如初恋。

二、坚守信念，矢志不渝，奉献的舞台永远属于舞者

习近平总书记说“人民对美好生活的向往，就是我们的奋斗目标”，“人民需要什么，我们就做什么”。2018年3月，总书记在参加十三届全国人大一次会议山东代表团审议时强调，要牢固树立正确的政绩观，既要做让老百姓看得见、摸得着、得实惠的实事，也要作为后人作铺垫、打基础、利长远的好事，既要做显功，也要做潜功，不计较个人功名，追求人民群众的好口碑、历史沉淀之后真正的评价。2018年4月，在庆祝海南建省办经济特区30周年大会上，总书记再一次明确指出，要以“功成不必在我”的精神境界和“功成必定有我”的历史担当，保持历史耐心，发扬“钉钉子”精神。不慕虚荣、不务虚功、不图虚名，努力创造经得起实践、历史、人民检验的业绩。

2006年8月，蔡向阳被任命为汝郴高速筹备组组长。该项目原本是国家“十二五”规划项目，湖南省委、省政府为应对国际金融危机，科学决策，争取提前实施，得到了国家发改委的批准。但面对现实的政策处理难度大、土地供应紧张、资源约束加剧、环保要求更高、前期工作量大、时间紧迫等诸多困难，办理相关批复比“十一五”实施项目的难度更大。特别是厦蓉高速，初设方案中桥隧比高，需要各部委核批的内容比省内其他项目多得多，跑批复更显艰难。

其中赤石特大桥原设计方案为连续刚构桥，受地质断层影响，原方案无法实施。在桥梁设计陷于困境之时，蔡向阳跟设计人员一同扎在深山里进行了长

达8个月的地质勘探，详细了解地质构造情况后，拿出了多套桥型比选方案。他又6次组织召开专家评审会，邀请了国内著名工程院院士郑皆连、设计大师杨高中等专家进行评审。设计方案确定后，他刻不容缓直奔北京，每天找交通运输部领导汇报，解释原因，说明理由。争取在全国众多建设审批项目中尽快将赤石特大桥桥型变更方案进入研究程序。

为尽快拿到相关批复，蔡向阳多次连续数周在北京守候，每天往返于旅馆与相关部门之间，全程跟踪送审批文的整个流转进展，大大缩短了待批时间。最终，原本需要三年才能完成的前期筹备工作，他一年半就拿到了所有批文，保障了项目提前5年开工建设。

在施工设计阶段，为保护环境、节约耕地、保护矿产、减少投资、降低造价，蔡向阳提出诸多新理念。例如，一是在路线设计中提出资源选线的新理念，将保护、利用矿产、土地这两种不可再生资源作为线路走向的重要依据，并建立路线方案矿产资源经济效益评价系统、路线方案土地资源经济效益评价系统等，为后续高速公路提供了新的评价系统。二是把保护环境、节约耕地作为工程设计方案的重要指标，提出了“环保绿线”计划。选线时避免直接穿越大的居民聚居区或大的城镇，减少拆迁、减少对居民生活的影响；在富水区尽量避免以隧道形式穿越，而采取高架桥跨越或路基穿过，避免对水资源的破坏，路线尽量选用荒山和荒地，少占用耕地，节约资源。三是在全国高速公路建设中，率先主持了多学科参与的“可持续生态景观在高速公路建设中的应用”课题研究，为今后高速公路建设的生态环境保护提供了范本等。

三、坚持梦想，开拓创新，劳动的汗水一路芬芳

习近平总书记说：“创新是一个民族进步的灵魂，是一个国家兴旺发达的不竭动力，也是中华民族最深沉的民族禀赋。在激烈的国际竞争中，唯创新者进，唯创新者强，唯创新者胜。”

2018年发生的中兴事件，以及美国对华发起的贸易战，对蔡向阳教训深刻、影响深远。核心技术靠化缘是要不来的，只有自力更生。

2008年8月，蔡向阳被任命为汝郴高速项目经理，全面主持该项目的建设。

汝郴高速公路是湖南省已建和在建高速公路中施工难度最大、工程最复杂、安全风险和管控难度最大的山区高速公路。南岭和罗霄山山脉地形复杂，地质多变，汝郴高速近一半桥墩下有发育溶沟、溶漕及多层溶洞，隧道多处于断层破碎带和大型堆积体地带，被地质专家誉为“地质灾害百科全书”“地质

博物馆”地段，工程技术难度极大，施工异常困难。

这里产生了湖南省内首座穿越大型堆积体的隧道——五盖山隧道、国内罕见的8跨连续刚构桥——文明特大桥、湖南省内跨径（200米）最大的连续刚构桥——山店江大桥、湘南地区施工地质条件最复杂的连续刚构桥——黄家垄特大桥、世界第一大跨径高墩多塔混凝土斜拉桥——赤石特大桥等。

蔡向阳深知自己肩上担子的重量和担负的责任，并没有被困难所吓倒，而是迎难而上，化压力为动力，牢固树立“越是工程复杂越要抓质量，越是施工困难越要保安全”的使命意识，大力推行精细化施工，亲自参与工程监管。坚持创新管理，科学组织，精细施工，大力开展科技攻关，破解了工程复杂、质量难保证，桥隧较多、安全难控制，山区施工、进度难把握等难题，解决了一系列复杂技术问题，同时解决了制约项目建设的多个科学前沿难题，打破了国内特大型桥梁建设技术多项空白。

先后开展的技术研究有：围绕混凝土质量控制开展《配制高性能砼的技术路线及质量控制》研究，围绕沿线欠稳定和不稳定边坡处理开展《极端雨水条件下软岩高陡边坡稳定性评价及加固技术》研究，围绕五盖山隧道开展《堆积体隧道信息化施工安全控制与支护优化》研究，开展山区高速公路高桥墩超多跨连续刚构箱梁施工技术研究，主持公路桥梁固定式智能自动防冰除冰系统工程应用研究及开发等；针对赤石特大桥建设面临的十大技术难题，开展《多塔混凝土高墩柱桥梁建造技术》专题研究；建立索塔1：144的试验模型，进行风洞和应力应变试验；建立下塔柱1：20试验模型，进行塔柱变形试验；建立钢锚梁1：1试验模型，进行钢锚梁应力变形检测及探索等40多项新技术研究。

应用10多项新技术、新工艺解决省内最大高墩群、国内罕见8跨连续刚构——文明特大桥相关技术难题，该桥已获国家建筑工程“鲁班奖”。

文明特大桥全长1.909公里，主桥上构为8孔高墩连续刚构，有32个主墩，64个薄壁空心墩，最高桥墩高110.3米，主桥平均墩高96米，高墩数量不但在湖南省内位居首位，在国内桥梁建设中也属罕见，是一座墩高和跨数在国内较为罕见的多跨长联高墩刚构桥，它同时将多段跨分段合龙工序应用于桥梁施工中，桥隧相接，科技含量高，施工难度极大。无横支撑柔性哑铃型双肢薄壁空心墩运用于连续刚构主墩、多跨分段合龙工序应用于多跨梁桥施工为国内同类型桥梁建设之首创。

应用建筑业十项新技术6大项16子项及6项技术创新建造省内跨径最大（主跨200米）的连续刚构——山店江特大桥，该桥已获国家优质工程银奖。

广泛应用新技术、新材料、新工艺，建设世界第一大跨径高墩多塔混凝土斜拉桥——赤石特大桥，解决了多项世界性桥梁建造技术难题，为我国特大型桥梁建设积累了宝贵经验。

赤石特大桥设计为四塔双索面预应力混凝土斜拉桥，是同类型桥梁中世界第一大跨径高墩多塔混凝土斜拉桥。主桥全长1470米，跨径组合为165m+380m+380m+380m+165m。大桥共有四个索塔，最高塔286.63m，桩基102根，桩径分别为2.8m和3.1m，最大桩深达102.8m。桥面距地面高度达182m。主梁为断面单箱四室箱型，主桥共划分了193个梁段，主梁采用前支点挂篮悬浇施工，挂篮设计承载力高达760吨。全桥共设置92对斜拉索，斜拉索采用低松弛钢绞线。该桥具有桩大、孔深、墩高、多塔、大跨径、高桥面系等特点。大桥科技含量高，结构新颖，具有原创性的双曲线塔柱和倒Y形索塔相组合的双曲线索塔已获国家专利；技术难度大，工程规模巨大，存在十大技术难点，施工运用的工法及相关方案国内还无可供借鉴的成熟经验，需要不断研究探索。

赤石特大桥的十大技术难题：

1. 漂卵石覆盖层超岩溶发育地区钻孔灌注桩施工技术
2. 大体积混凝土施工期水化热温控施工技术
3. 双曲线型超高索塔线形控制施工技术
4. 超高索塔的混凝土泵送施工技术
5. 超高索塔的钢锚梁安装施工技术
6. 高空超重挂篮的设计、施工控制及安全防护施工技术
7. 四塔预应力混凝土斜拉桥合龙施工技术
8. 高空间主梁高性能混凝土配合比设计
9. 超高主梁、主塔抗风及抗震稳定性研究
10. 高空间主梁0#块现浇支架施工技术

赤石特大桥的九大设计、施工创新：

1. 同一承台下不等长群桩基础设计
2. 双曲线索塔设计
3. 自加劲箱形截面设计
4. 桩基础施工工法创新
5. 塔座施工创新
6. 双面双曲线带收腰形薄壁结构索塔施工创新
7. 挂篮设计及拼装技术创新

8. 主梁施工期间抗风措施创新

9. 主梁合拢技术创新

在大桥建设过程中，蔡向阳及其团队创造了7项世界第一，获得13项新型实用专利、5个工法科技进步奖、6个QC质量管理成果奖，国内核心权威期刊发表论文10余篇，运用了10多项先进技术，解决了9项桥梁建设技术难题等。

赤石特大桥的七项世界第一：

1. 主跨380米，在多塔预应力砼斜拉桥中为世界第一大跨径；宜昌夷陵长江大桥单索面预应力砼斜拉桥主跨为348m，岳阳洞庭湖大桥多塔预应力斜拉桥主跨为310m。

2. 最高桥墩高182米，在预应力砼斜拉桥中为世界第一高桥墩；日本miyakodagawa矮塔斜拉桥桥墩高度为56.5m。

3. 为提高索塔整体刚度，4座主塔塔形设计为双面双曲线收腰的“S”型，为世界首创；获双曲线桥梁墩塔发明专利。

4. 同一承台下群桩最大桩长差达58米，创世界桥梁史上同一承台下群桩最大桩长差；赤石大桥主桥6＃—8＃索塔采用群桩基础，为34根钻孔灌注桩，均为嵌岩桩，行列式布置。桥位处岩溶发育，基岩起伏不平，基桩桩端大多落在倾斜岩面上，岩面倾角最大达70度，桩长差异最大达58m，在国内外桥梁桩基设计中同一承台下桩长差异最大。

5. 主梁悬浇采用最大承载力达760吨的前支点挂篮施工，为世界承载力最大的桥梁施工挂篮。

6. 主梁上安装下拉抗风索，同时在梁端安装横桥向ECD型电涡流调谐质量阻尼器的抗风措施，可提高高墩大跨径斜拉桥主梁施工期抗风能力，为世界首创。

“下拉索＋TMD”临时抗风措施已通过专家评审验收，认为“下拉索＋TMD”综合技术对提高高墩大跨斜拉桥主梁臂施工期抗风性能具有普遍意义和重要推广价值。

7. 大桥高防撞等级景观钢护栏是国内外首个防护等级达到最高等级HA级（防护能量760kJ）的桥梁钢护栏，填补了无HA级护栏的空白，其中“护栏（人本型景观钢）”获外观设计专利，“一种人本型景观钢护栏”获实用新型专利。

遗憾的是，在赤石特大桥建设过程中，发生了一起火灾事故，这是令蔡向阳最痛心的。10月29日14：30左右，江苏中矿大正表面工程技术有限公司3

名工人在6号墩左幅塔顶进行电焊熔断钢筋作业时，该过程所产生的高温熔渣滴落至塔顶下方的斜拉索外表面，引发了火灾，烧断了9根斜拉索。事故发生后，立即进行了紧急抢险和救援，将事故损失降到了最低。这起事故，给蔡向阳带来了巨大的思想负担和心理压力，社会上很多人开始质疑桥梁安全和质量，说什么的都有。面对各种流言蜚语，使命和责任告诉他，唯有担当，勇敢前行，直面一切，才能用事实化解误传。

由于此次事故极为罕见，加之此桥的特殊性，后期修复加固难度特别大。大桥受损后，空间模拟仿真计算工作量巨大，一般设计单位没有与之相匹配的计算机系统进行计算，蔡向阳找到北京交科公路勘察设计研究院有限公司，委托其进行设计，又委托北京计算机管理中心进行了模拟仿真计算。为确保修复加固的可靠和安全，自2015年初以来，蔡向阳连续数十次往返于郴州工地、北京设计院、湖南大学、交通运输厅、省政府等地汇报、协调、沟通，为赶时间，常常睡在火车上、汽车里。他经常多日蹲守在湖南大学，为了进行仿真的UHPC超高强砼工艺性试验、裂纹注浆工艺性试验、赛柏斯封闭工艺性试验和贴钢板加固工艺性试验等。经过几个月的高强度工作，终于完成了修复加固施工图设计，并经专家评审通过。现经权威机构检测，修复后的桥梁强度已超过了设计要求，其安全性、耐久性非常可靠。

作为新时代、新变迁下，从事多年专业技术工作又担任行政领导职务的技术干部，蔡向阳深知使命光荣和责任担当的压力，他不愿碌碌无为，立志做国家崛起、民族振兴的中坚，他时刻审视自己，看自身素质和能力，能不能适应新发展需要，能不能胜任职责、工作。平时，无论工作再苦再累再忙，他都坚持从不间断专业技术知识和政策理论的学习，尤其最新、最前沿的新发明、新创造、新工艺、新技术以及中央最新治国理政方略、精神和政策等。

不管岗位和职务如何变迁，蔡向阳作为一名专业技术人员的操守没变，学习掌握新知识新技术的劲头没减，探索钻研改革创新的使命没忘。

四、不忘初心、方得始终；坚定坚守坚持，就有诗和远方

30年来，蔡向阳不甘平庸，足迹踏遍祖国大半偏远山区，将人生最美丽的瞬间、最精彩的年华、最负重的岁月献给了一条条高速公路、一座座桥梁、隧道。

从大别山到井冈山，从淮河到长江，一个项目接着一个项目；从意气风发到成熟稳健，从技术员到项目经理，从工程师到研究员，从科员到处长，一路辛勤、一路耕耘。

蔡向阳主持的科研项目多次荣获省政府科技进步奖，负责的工程有中国工程鲁班奖、国家优质工程奖、创造7项“世界第一”的特大桥梁等。

蔡向阳2007年被评为南昌市劳动模范，2010年荣获全国劳动模范，多次被评为湖南省重点工程建设先进个人、湖南省交通运输厅优秀共产党员、全省高速公路优秀项目经理等。

30年来，蔡向阳亲历湖南高速，从“一纵三横”起步追赶，到“五纵七横”科学跨越，直至如今“七纵七横”新突破，蔡向阳和他的团队贡献了一张张“湖南速度”“湖南现象”“湖南模式”“湖南效应”的亮丽名片，创造了中国人自己的“圆月亮”矮寨大桥等代表中国桥梁标杆的明星工程，通车总里程突破6578公里，打通25个省际通道，实现了县县通高速。

40年来，湖南交通、全国交通日新月异、目不暇接，无法一一列举。截至2017年年底，全国铁路营业里程12.7万公里，其中高铁2.5万公里，占世界高铁的三分之二，我国拥有了世界上最现代化的铁路网和最发达的高铁网；全国公路总里程477.35万公里，高速公路以13.65万公里的通车里程稳居世界之首。

今年9月15日至23日，全国总工会组织劳模参观考察改革开放40周年成果展。蔡向阳参观学习了大国重器发展成果，参观了中关村国家自主创新示范区创新成果展、航天长征火箭制造有限公司、空中客车天津总装有限公司、河北现代制造业发展成果、改革开放新农村建设成果等。真正感受到祖国的日益强大和改革开放40年翻天覆地的变化，成就举世瞩目。经济、政治、军事、国防、教育、医疗、科技、文化、生态环保、社会民生、载人航天、卫星导航等等，各行各业、各个领域都取得了巨大成就，举不胜举，数不胜数。

40年来，我国不但自身发展惊人，对世界和平与发展也作出了突出贡献。自2013年起，中国对世界经济增长的贡献率持续保持在30%左右，始终居世界第一位，2017年更高达34.6%，约为美国的两倍。中国建立了世界产品门类最全的工业体系，有200多项产品稳居世界第一，中国用30年的发展超过了欧洲100年的历程，中国创造了人类历史上最强大的工业制造能力。

在这些成绩的背后，不要忘记一个个代表中国精神、民族脊梁的灵魂人物，两弹一星元勋钱学森、林俊德、郭永怀、水稻之父袁隆平、航天英雄杨利伟、抗洪将军董万瑞、布鞋院士李小文、打造中国“天眼”的南仁东、中国量子之父潘建伟、诺贝尔奖获得者屠呦呦、莫言、奥运冠军、塞罕坝人等等。

当然，在看到巨大成绩的同时，也要清醒认识，我国目前还是世界上最大的发展中国家，还正处于社会主义初级阶段的国情，还不是工业强国、不是制造业强国、不是教育强国、更不是科技强国，我国与美国、日本、德国等发达国家还有巨大的差距。最近这段时间，陆续公布了诺贝尔奖获奖情况，日本近18年来，就已获得了18个诺贝尔奖。这就是差距，少年强，则国强；少年雄于地球，则国雄于地球。

第二节　“劳模工匠进校园”活动典型人物先进事迹——陈刚毅

【人物简介】陈刚毅，现任湖北省交通规划设计院党委书记，“全国优秀共产党员”“全国劳动模范”“全国交通工程技术人员的楷模”，“全国五一劳动奖章”和“湖北省五一劳动奖章”，先后当选为中共十七大和十八大代表。

不忘初心　坚守匠心
——在建设现代交通强国新征程中书写最美青春华章

陈刚毅的经历和体会，其实可以用一句话概括，那就是“快乐在岗位上，生命在事业中”，也就是：要把个人成长融入行业的发展，通过事业的发展实现人生的价值。他在对待个人学习和成长时，明确了“一路”，坚定了“两心”（信心、恒心），增强了“三感”（自豪感、幸福感、使命感），做好了“三件事”（勤于学习、善于思考、勇于实践）。

一、明确将来走一条什么样的“路”

一是要树立远大理想

习近平总书记曾在北京大学师生座谈会上说：“有信念、有梦想、有奋斗、有奉献的人生，才是有意义的人生。”2016年习近平总书记在同知识分子、劳动模范和青年代表的一次座谈时说道：“青年的人生之路很长，前进途中，有平川也有高山，有缓流也有险滩，有丽日也有风雨，有喜悦也有哀伤。心中有阳光，脚下有力量，为了理想能坚持、不懈怠，才能创造无愧于时代的人生。”作为一个社会人，是追求理想，还是追求名利，结果会大不相同。追求理想是个奋发向上的过程，也是个升华人生的过程。如果追逐个人名利，追到了不会满足，追不到会失望痛苦。

陈刚毅曾经对自己的理想有过多次的思考，当他还是个普通技术人员，人生、事业刚起步时，想得比较多的，就是一心只想做好手上的工作，按部就班往前走。随着个人的成长，他的理想也越来越清晰，特别是被确诊患上结肠癌后，对人生认识的境界又不一样了，他知道自己最想做的，还是完成大桥的建设任务，即使生命不在了，至少也要在身后留下点什么。就是这个理想或者说信念，支撑他在手术一个月后 7 次化疗期间 4 次进藏，忍受多次翻越 5000 多米的雪山，克服病痛、克服各种困难，完成角笼坝大桥的建设。有目标、有信念的支持，人的潜力是非常大的。

二是树立正确的“三观”（世界观、人生观、价值观）

2014 年五四青年节，习近平总书记在与大学师生座谈会上提出：“青年的价值取向决定了未来整个社会的价值取向，而青年又处在价值观形成和确立的时期，抓好这一时期的价值观养成十分重要。这就像穿衣服扣扣子一样，如果第一粒扣子扣错了，剩余的扣子都会扣错。人生的扣子从一开始就要扣好。”对于青年“三观”的塑造，陈刚毅认为，很重要的一个方面就在于强烈的责任心和事业心。

“修路人要对老百姓负责，千万不能留下‘豆腐渣’。否则对不起这个行业，对不起历史，对不起这份职业，对不起自己的良心。”这是陈刚毅从学校毕业入行之初就暗自许下的承诺。2001 年初，陈刚毅的原工作单位省交通规划设计院接到新的任务，要在西藏山南市援建一条湖北大道。他被任命为项目总工程师兼技术部主任。得到消息后，他心情激动。工作 15 年来，自己一直梦想着做项目总工，现在展现作为的机会来了。同时，他也感到了前所未有的压力。他对自己说：“一定要更加努力认真工作，决不能让领导和自己失望。”当湖北大道创造了西藏城市道路建设史上路面最宽、建设周期最短、设计标准最高等十个第一，被评为全国公路建设优质工程，被称为雅砻江畔的“无字丰碑”的时候，陈刚毅和团队觉得所有的辛劳和汗水，都是值得的。

新时代是拼出来的、干出来的。陈刚毅认为塑造“三观”，要经得住各种物质和名利的诱惑，特别是在迈入社会之初，物质基础还不够牢固、生活压力较大的情况下，一定要树立正确的义利观。他坚定要走一条无愧人生的道路，始终坚持追求理想的实现、追求知识的提升、追求人格的完善、追求心灵的和谐，以责任心、事业心和平常心做好分内的事情，方能成就自我、实现价值。

二、坚定信心，坚持恒心，把服务国家交通事业作为毕生追求

一是要坚定信心

党的十九大报告指出，“青年兴则国家兴，青年强则国家强。青年一代有

理想、有本领、有担当，国家就有前途，民族就有希望。中国梦是历史的、现实的，也是未来的；是我们这一代的，更是青年一代的。中华民族伟大复兴的中国梦终将在一代代青年的接力奋斗中变为现实。全党要关心和爱护青年，为他们实现人生出彩搭建舞台”。

党的十九大作出了建设交通强国的重大决策部署，这是新时代全体交通人为之奋斗的新使命。2018 年，湖北已全面打响高速公路、干线公路、“四好”农村路、水运发展“三年四大攻坚战”，省政府发布了《湖北综合交通公路水路三年“四大攻坚战”（2018—2020 年）方案》，为创建交通强国湖北示范区夯实基础。习近平总书记在视察湖北时强调，要不断优化供给体系，推动高质量发展。这就是交通人的舞台。要实现自我的人生价值，陈刚毅认为首先要珍惜事业这个舞台。

陈刚毅认为目前的交通建设环境至少为建设者们提供了三个方面的机遇：一是大规模的建设、快速的发展，为施展才能提供了广阔的舞台；二是交通要破解难题、转变发展方式，为创新思路、实现价值提供了机会；三是长江经济带、长江新城和长江中游航运中心等建设，为就业提供了更多样的选择。因此，陈刚毅树立信心，不断提升完善自我，练就过硬的本领，把自我价值的实现和行业、国家发展紧密联系起来，认为将来在交通事业的广阔天地中，一定是大有可为的。

二是要坚持恒心

树立了目标后，必须要持之以恒，做好吃苦和忍受寂寞的准备。1986 年 7 月，陈刚毅从湖北省交通学校毕业后，被分配到省交规划院。刚参加工作的时候，他住在公路局招待所的楼上，冬天屋子里冷得像冰窖，夏天又热得像蒸笼，为了学习，夏天就打一盆冷水把脚泡在里面降温，虫叮蚊咬，别人在外面乘凉、聊天的时候，他躲在屋里看书，冬天把脚捂在被子里看书，瞌睡来了，在圆形电丝炉两边各放上一块砖头，再在上面放上一块木板，脚踏在木板上学习……

回想当时的条件，真是特别艰苦，可是没有那个时候吃的苦，也就没有后来专业能力的提高，年轻时吃的这些苦也锻炼了他的忍耐力，让他以后能更好地适应周围的环境。

中国有句古话：“由俭入奢易，由奢入俭难。”还有句话叫“成由勤俭败由奢”，说的都是一个道理：越是艰苦的环境，越能锻炼人，越是贪图享受，越难有成就。在面对困难和考验时能发扬这些优秀特质，不畏难、不退缩，持之以恒地努力，努力就一定会有丰厚的回报。

三、树立责任感、幸福感、使命感，以良好的心态面对学习和成长

中科院院士徐光宪曾说，做一个合格的社会主义接班人，要牢固树立“三感”：一是认识自己是社会的一个成员，树立社会的责任感。二是认识当前中国和世界的形势，树立时代的幸福感。三是认识当前时代的挑战和机遇，树立历史的使命感、紧迫感。陈刚毅觉得很有道理，并作为座右铭。

一是树立社会责任感

我国伟大的教育家、北京大学的老校长蔡元培先生曾经说过：“人类在生物中无角无爪，很是柔弱，而能发达者，全在彼此互助。只顾一人，是断不能生存的。自己要别人帮助，同时也需要帮助别人。这样大家互助，世界上的事情才办得好。”这些话说得很通俗，却也很有哲理。人是社会的动物，从一出生到现在，就离不开周围环境的扶助。人类能够长大、读书有知识，是依靠父母的养育、老师的教育、社会的关爱，现在享受到的物质条件，是农民、工人、全社会劳动者辛勤工作的成果，能够在平安和谐的校园无忧无虑地学习生活，是靠军人、警察用生命在维护。陈刚毅认为人首先要认识到自己是社会中的一员，要知道感恩，要心有大爱，要树立家国情怀。

陈刚毅获得过各种各样的荣誉，可是不管在什么场合，他都说过：“荣誉是属于交通这个大集体的，不是个人的。”这样说不是什么客套话，而是他真正发自内心的话，他很清楚自己取得的每一点进步、每一项成绩，都离不开领导、同事、家人的付出和支持。他把自己的目标融入社会的大环境中，并意识到自己在社会中的责任，爱社会、爱祖国、爱事业、爱家人、爱师长……有感恩之心，立志做一个有益于国家和社会的人，他认为这是成长的基础。

二是树立时代幸福感

我国历史上有五大盛世：汉朝的文景之治，唐朝的贞观、开元之治，清朝的康熙、乾隆之治。但自从鸦片战争以来的100多年中，饱受帝国主义、殖民主义、封建主义的压迫，闭关自守、政治腐败、军阀混战、外敌侵略，经济和科学技术大大落后于西方。中华人民共和国成立后，中国人民从站起来、富起来到强起来。经济总量稳居世界第二，我国现在正处于中国历史上的盛世：政治稳定、国家发展蒸蒸日上，人民安居乐业。中外有识之士预言，2042年中国的GDP将超过美国，雄踞世界第一。这个幸福感，像陈刚毅这种经历过物质匮乏时期的这一辈人，有特别深的感受，有更大的动力投入到学习和社会建设中。

三是树立职业使命感

陈刚毅回想起在西藏建桥的那几年，特别是患癌化疗工作期间，感觉“那是一种炼狱，不堪回首”。不过正因如此，他把病痛、生死看淡了，把名利看淡了，人生最大的价值莫过于能为这个社会留下点什么。职业使命感促使他一次次克服生理和心理上的困难和磨难，去完成自己建桥的夙愿，在为国家和人民的奉献中焕发绚丽光彩。

四、勤于学习、善于思考、勇于实践

一是要勤于学习。“立身百行，以学为基”，一个人能有多大发展，能为社会作出多大贡献，很大程度上取决于这个人学习抓得紧不紧、知识基础打得牢不牢。现在科技进步日新月异，知识更新步伐加快，交通建设需要大批高素质技能人才。因此，学习比以往任何时候都显得更加重要而紧迫。学习是人一生的天职和正业，陈刚毅参加工作后，工作和生活的各种琐事，让他渴望学习的心无处安放，他非常羡慕在校的学生。从毕业参加工作的前 5 年时间里，他深知自己的专业技术能力距承担重大项目还有一定的差距，便暗下决心，把几乎所有的休息时间都用在了学习上。5 年时间里，他认真系统地学习了 20 多门道桥专业课程，取得了西安公路学院的本科学历。他坚持不懈地学习，为自己日后成长为青年技术骨干奠定了坚实的基础。肚里有货，才能出活。他先后出版技术论文 15 篇，荣获各类技术奖 20 余项。

后来，陈刚毅由技术管理岗位转向行政管理岗位，先后在省交规院、省城建院和中南院担任经营管理和党务管理类职务。长期从事技术岗位的他，对于岗位的跨界，一开始感到很不适应。为了尽快进入角色，陈刚毅工作之余抓住各种机会参加各类学习培训，加强管理和党务等方面知识的学习，指导推动工作开展。在推动所在单位高质量发展中见到了实效。按照交通厅党组要求，陈刚毅依托湖北杭瑞高速公路项目打造的“网上交通党校”，成为湖北交通运输系统党建工作的重要载体。同时总结出的湖北交通重点工程“廉政阳光六同长效”模式，以及重点工程建设领域突出问题专项治理“十查”“十治”“十新”“十制”经验，有幸在全省得到推广。陈刚毅主持编印的《刚毅工法》，深受农民工喜爱，并在全省重点工程中全面推广。他很荣幸自己的点滴之举，能够推动为行业发展尽绵薄之力。2014 年，省政府整合省内优质勘察设计资源组建了中南设计集团，陈刚毅按照集团安排，先后参与了交规院改制、省城建院组建和改制，以及集团内公司间资质划转等重要工作。边学习边探索，逐步充实自己在企业经营管理方面的知识，构建系统的知识体系。无论工作角色如何变化，陈刚毅始终坚持守一方匠心，筑一事精诚。

二是要善于思考。《论语》里说：“学而不思则罔，思而不学则殆。”光吸收知识还不行，要把知识吸收成为自己的东西，就必须要善于思考。现在，接受知识不仅仅是来自书本，现实生活、电视、报纸、网络都在向大众传播讯息、输送观点，可谓是信息爆炸的时代。如何从信息的汪洋大海辨别是非对错，陈刚毅认为需要认真思考、加以辨别，要以发展的眼光、辩证的方法分析和解决问题，要坚信光明面必将战胜阴暗面。在信仰和价值观上，要会思考、会辨别，在专业技术知识上，也是一样的道理。要尊重权威，但又不人云亦云，不迷信权威，要用客观辩证的思维看待问题，勇于提出疑问。然后去钻研，去解决。

三是要勇于实践。古人云，读万卷书，行万里路。古往今来凡成大事者，无不经过社会实践的历练和艰苦环境的考验。如果说把读书理解为学习的一部分，那么实践就是陈刚毅一生为之奋斗的事业，勇于投身交通基层和一线，到最艰苦的地方去，通过调查研究、科学实验和项目实践等，锻炼自我、提升自我、完善自我，在奉献中实现价值。

第三节　“劳模工匠进校园”活动典型人物先进事迹——陈光明

【人物简介】陈光明，陕西交通职业技术学院公路与桥梁工程专业毕业生。现任汉中市留坝县交通运输局副局长、交通战备办主任。陕西省“五一劳动奖章”获得者、汉中市有突出贡献拔尖人才、汉中市交通系统专家。

情系公路　拓荒山区

20世纪60年代后期，陈光明出生在秦岭深处汉中市留坝县一个普通的农民家里。由于家里弟兄姊妹多，家里缺劳力，在那个年代，日子过得很是清苦。陈光明小时候，目睹了父辈们上山打柴，下地干活，面朝黄土背朝天，每天忙了外边忙家里，为生活劳作奔波的艰辛，也亲身参与了那些与年龄不相符的繁重劳动，打柴、割草、放羊等。从那时起，陈光明便立志一定要发奋读书，用知识改变命运，实现用知识造福乡亲们的梦想。从上小学开始，他就勤奋刻苦学习读书。1985年中考结束后，他以超分数线100多分的高分成为全县中考第一名，并顺利考入心目中的陕西省重点中专学校——陕西省交通学校

（陕西省交通职业技术学院的前身），在公路与桥梁专业学习，从而迈出了走出大山，改变命运的第一步。

在 20 世纪 80 年代到 90 年代初，农村孩子考上中专就等于拿到了铁饭碗，进入了保险箱，可以直接转为城市居民户口，国家包分配，上学还有政府发放的助学补助，基本不用花多少钱便可以读完几年中专学业，因而受到当时农村家庭孩子的追捧。省级四年制重点中专尤其难考。

上学期间，陈光明发奋学习，勤俭节约。虽然生活条件艰苦，但因有丰富充实的学习生活，以及师长老师的教导，培养了完善的人格，具备了良好的专业素质，也学会了踏踏实实地做事，老老实实地做人。1989 年 7 月，陈光明以优异的成绩评为年度三好学生，拿到了陕西省交通学校的毕业证书。

扎根大山、情系乡亲

毕业了，陈光明选择回到家乡。虽然留在城市可能会有更好的发展和前途。但是，因想着村里童年时期的伙伴小黑子在上学的路上过独木桥被洪水冲走再也没有回来的情景，他毅然放弃了留在城市工作的大好机遇，毫不顾虑地选择回归家乡，投入到改变家乡交通现状，振兴家乡经济的建设大军中。当时，回到县单位的时候，只有他一个人懂路桥，可以算是十亩地里一根苗了。在技术工作方面，一切都要靠自己摸索、领会，在没有师傅带的情况下要将课本知识转化到实际工作之中，其难度可想而知了。

学公路专业首先要有吃苦的准备，老百姓说："世有三般苦：打铁、筑路、磨豆腐。"修路架桥，风餐露宿，其辛苦，一般人难以承受。他义无反顾地下定决心为家乡的公路建设吃一辈子苦。

留坝县是一个经济贫穷、交通落后的山区小县，全县仅有一条 73 公里的三级公路 316 国道与外界相连，且路面等级、养护水平、通行能力、路网层次都偏低，夏天时常因山体塌方导致道路中断，冬天因公路积雪车辆无法正常通行，且安全事故频发，堵车严重。所有乡镇都是土路便道，晴通雨阻十分明显，有的地方群众去乡镇赶集还要蹚水过河，大部分地方仍保持着落后的肩挑背扛的原始交通运营方式，全县公路总里程不足 200 公里，且大部分是等外土路。身为交通人，陈光明看到眼里，急在心里，义不容辞地挑起公路建设的重担。近 30 年的时间，除了春节休几天假外，其余时间不是在施工现场检查指导施工，就是在办公室或施工棚绘图设计。时常为了选择一个少花钱、多修路、修好路的最佳设计方案，经常晚上加班加点，通宵达旦，平均年出勤率高达350多天，没有任何加班费。由于长期大负荷的工作量和过度劳累，陈光明的视力急剧下降，对生活也造成了一定影响。30多岁起，头发就开始发白。这些没有降低他工作的积极性。当看着一辆辆汽车在他亲手设计修建的道路上飞奔，一位位行人幸福地阔步走在他修建的道路上时，他感受到了自我价值的实现。因为深爱家乡、深爱公路建设这一职业，所以他对自己的选择无怨无悔，并感到骄傲和自豪。

1989年3月，姜留公路（也就是现在的省道210姜眉路留坝段）27公里新建工程全线开工，陈光明担任该项目的工程现场技术负责人。那时，在新修道路上无法骑自行车，检查指导工作全部是在新开的毛路乱石窖中穿行，一不小心石头就会把脚砸破，有可能把脚崴了，真是寸步难行，条件非常艰苦。无论刮风下雨、烈日当头，还是大雪纷飞，陈光明每天都要坚持背着仪器走20多公里的山路，全力做好各工区工程队的施工指导工作并坚持解决问题不过夜，亲临现场指导不拖拉。对施工队路基开挖线是否正确，路基线型、标高、宽度是否满足设计要求，对砌体材料和工程质量、施工工艺等能否满足设计及施工规范要求等都要经常不断的检查。为规范施工行为，他经常做现场演示、讲解，让从事工程建设的每一位人员都能提高劳动技能，不出现返工、窝工、浪费材料、资金的现象。即便是打眼、放炮、装炸药量这一类的具体工作他都坚持亲自计算复核。在观音崖、鱼洞子、老鹰崖几处特大爆破中，他带领技术人员现场勾画地形断面，研究爆破方案，亲自爬进又黑又湿装满炸药的洞室里，检查炮位、角度、装药量，准确测算爆破时飞石角度和距离，确保爆破的预期和周边群众及生产生活的安全。

2002年1月，紫柏山旅游公路被列入全县旅游开发重点基础设施建设项目，要求6月底前必须砂石路竣工，游客的汽车要开到山顶。春节刚过，当别人都还沉浸在与家人团聚的喜庆之中，陈光明便作为紫柏山景区开发的第一批拓荒者，告别家人，带着仪器、被褥，顶着凛冽的寒风，冒着漫天的大雪，带领测设队的队员们深入到零下15℃的闸口石村一个叫菜籽坪的深山老林里开始了测设工作。这条路，地处海拔2600米的深山老林无人区，沿途人迹罕至，又无水，测量和修路时喝水要到2公里以外的山脚去挑，吃粮要靠民工往山上背。为了节约测量时间，陈光明和团队在野地里搭起了流动帐篷扎营工作，常常啃的是冷馒头、方便面，喝的是“雪水”，晚上睡的是竹叶铺成的地铺。冬天的夜晚，高山上的狂风大得吓人，经常在半夜睡得正沉的时候狂风突然将帐篷篷顶卷走，雪花夹着凉风直接疯狂地拍打着队员的身体，将疲惫不堪的队员们冻得瑟瑟发抖，无法睡觉。每天晚上甚至还要防止野猪、黑熊、野牛、野狼等野兽的袭击。

站在雪地的山坡上测量，坡面又陡又滑，尤其是用刀砍过的竹子、树梢在雪的覆盖下又看不清，踩上去很容易滑倒摔跤，手也容易扎出血，大家每走一步都得万分小心。雪地里测量，可以说头发、眉毛、鬓角常常都挂上了冰块，冻得人钻心的疼。遇到这样的恶劣天气没办法，为了抢进度，不能退缩。大家从早干到晚，在野地里中午也没办法休息。吃完方便面和干馒头后，陈光明就继续带着同事和雇来的民工继续工作。在测量 10 天之后，由于风餐露宿，夜以继日，高强度的工作和艰苦的生活条件，陈光明的身体出现了问题。一天中午，陈光明在山上测量时突发高烧，但为了不影响工作，强忍着没有吱声。但他由于劳累和发烧，体力透支太大，不小心，一个踉跄滑落山坡，幸亏被几棵大树挡住了才幸免于难。工作中他坚持身先士卒，时刻不忘榜样的力量。就这样，在短短的 15 天，在没有先进测设仪器设备的情况下，白天出外业，晚上加班加点做内业和设计，顺利地完成了 9 公里的山区越岭新线的测量和设计工作。在后来的道路施工中，陈光明担任工区长，克服了重重困难，协助施工单位制定施工计划，精心管理，认真开展工作，90 多天便顺利完成了时间最紧、危险性最高、难度最大、困难最多的紫柏山景区道路修建任务，并且比县委县政府计划的时间提前了 1 个多月。因此，他受到了县委、县政府的特别嘉奖。现在紫柏山旅游公路正以崭新的姿态接待八方来客，为留坝旅游产业的发展带来了良好的经济效益。

2013 年，留坝县旅游进入快速发展阶段。为了整合当地优质旅游资源，发挥最大的旅游效益，陈光明认真研究全县旅游分布地形，率先提出“规划并建设旅游西环线，整合现有旅游资源，充分利用交通的带动作用，新建太狮路，改造武雪路，全面提升路网结构，形成旅游双环线”的路网格局思路。陈光明便积极找地形图进行规划，制定完整的项目建议书提请县政府审议。项目被批准建设后，他带领全单位设计人员穿林海，涉激流，翻山岭，利用一星期的时间在大山里寻找最合适的线路，顺利地完成了施工图外业勘察测量。项目开工后，陈光明担任项目负责人，坚持驻守工地，认真执行设计，精心管理项目，耐心指导施工单位工作。在他团队的严格管理和热情服务下，项目在短短的 3 年里顺利完工，旅游双环线建设也全面完成。为此，留坝旅游西环线上优美的风景被世人所发现，又一个 AAAA 级景区正在紧张建设之中。该线路的开通给留坝的旅游业插上了腾飞的翅膀。

勤于钻研，一丝不苟

1990 年 7 月 6 日，留坝县遭受了百年一遇的洪水袭击。县乡公路水毁惨重，交通全部中断，给群众的生产生活造成很大的困难。作为交通人，陈光明再一次深切地感受到了道路不畅所带来的切肤之痛。他也深深认识到公路设计和建设期间工程质量的重要性。对于工程的关键部位施工，一定要更加严格地做好质量管控。在后来的临河段挡土墙修建时，陈光明顶着压力要求施工单位坚决修好基础，一定要设计牢固，不能乱省钱，有效地阻止了河水侵袭路基造成的挡土墙破坏。在修建扩大基础桥梁基础时，严格控制基础埋置深度，对设计中不合理的地方本着实事求是的态度坚决予以修正，对基础强度不足，需要加深或处理的及时提出很好的意见。在桥梁基础灌注桩钻孔施工时，为了保证工程质量，防止桩基形变和塌孔带来的隐性质量问题，陈光明经常亲自登上钻台，提取泥浆鉴定样品，查看检查记录，衣裳经常被稀泥脏水溅得面目全非。在施工管理期间，陈光明时常对施工单位提供的材料配合比、施工工艺、工期安排等方面进行认真研究分析，提出合理建议。陈光明在工作之余，将大部分时间都用在钻研业务、研究分析工程施工方案和技术改进上，经常一干就到深夜。

在 1998 年开工建设的 316 国道改建项目施工中，公路测量后交付的设计图纸都是坐标控制，有技术较复杂的大桥和隧道。这些工程要求的技术含量高，稍不留神，就会出问题。而对这些知识，陈光明以前又很少接触过，面对难题怎么办？陈光明没有退缩，而是积极应对，及时到西安书店买对应解决问题的书籍，回来就开始潜心研究。通过自学，熟练地掌握了道路、桥梁、隧道的坐标计算、放线知识，掌握了隧道施工关键性技术控制，并对隧道设计方案中动态管理的设计部分不太完善、需要提升的地方做了修改变更，对隧道防水、塌方控制和修复处理等有了自己独到的认识。

在 2004 年开工的留坝至勉县界 44 公里的庙二路段改建工程项目中，鉴于建设资金和补助资金差距较大，县上配套资金根本无法落实的实际，为了顺利完成上级交给的修建任务，陈光明在工程开工前的 2 个月便带领队员们沿着项目全线 44 公里的山路逐个桩号进行设计核对。对发现设计中不完善、不合理的地方按照“在原设计标准不变的前提下降低成本”的原则及时进行图纸完善修改，并报请设计和审批部门认可。同时，在施工中重点抓好施工资金、施工进度、质量和施工工艺、安全等方面的控制管理。

在地方道路建设中，为了节约投资，陈光明大胆采用新技术，在汉中第一个成功引进钢纤维混凝土路面和水泥混凝土路面强基薄面结构设计和施工等多项技术，为留坝的公路建设在汉中交通建设中涂上了浓墨重彩的一笔。

一分汗水，一分收获，在工作的近30年时间里，他单凭设计方案调整优化，就为国家节约资金达2600余万元。

廉洁自律，不为利诱

陈光明身处交通管理要职，始终严于律己，警钟长鸣。“常在河边走，就是不湿脚”，这是当地领导对陈光明的评价，也是对他廉洁自律、坚守原则的赞誉。在他负责的工程项目中，经常有一些朋友和熟人，甚至是领导为某一个工程投标或工程质量、工程结算等问题前来找陈光明开绿灯。但他坚持“送礼不收、吃请不去”，该怎么办就怎么办，原则、规矩不放松。他知道：“身为共产党人，就应该对得起党的培养，对得起人民的重托，就应该担当起应有的那份责任，对自己负责，对家庭负责，对社会负责，对子孙后代负责。”“路遥知马力，日久见人心”，陈光明的工作和为人受到大家的赞许和认可，局里和县上许多领导都经常说：“有陈光明在交通局技术和工程结算上把关，那是一百个放心。”

在30年工作生涯中，陈光明所经手的工程结算价款总额高达3.1亿元，均顺利地通过省市的审计检查，并且，审计人员惊奇地发现，陈光明所复核审定的工程账目审计时没发现过有一分钱的差错。陈光明所管理过的工程都没有质量问题。留坝县交通战线上30年来工程方面没有任何因腐败而导致公路交通损坏的情况发生，也没有因任何腐败问题导致国家资金的流失。

陈光明30年来始终身先士卒，坚守在基层公路建设的最前沿。先后参与了留坝县域范围内316国道、210省道、战备路、县乡村道路及旅游公路等200多条753.6公里的勘测设计、工程管理和质量监督等工作。使全县当时仅有一条72公里的等级公路，通车里程不足200公里的公路状况，改变成有1条56.4公里高速公路穿越县境、2条120公里的二级公路国省干线和2条101公里三级公路县道与外界联通，另外，建设成16条236公里四级公路乡道和193条518公里村道，使全县通车里程达到了1031公里。主管的316国道柴画段改建项目被省公路局评定为优秀工程；武火路水泥标美路建设项目被市交通局评为全市文明样板路；庙二路被市委、市政府评为年度重点工程优秀管理项目；高江路被旅游界命名为中国最美山村公路。奋斗30年，他的梦想一步步地变成了现实：留坝县于2006年在全市率先实现乡镇通水泥沥青硬化路，2016年实现了100%的行政村、自然村通硬化水泥路，2017年年底实现80%的村民小组通水泥路，2018年90%的农户实现入户水泥路与主干线公路无缝连接，老百姓出门基本不沾泥。留坝交通公路网络2035年规划已经建立，交通建设促进城乡经济大融合，交通线路带动旅游产业发展的格局已经形成，留坝的公路事业已经走在全市公路建设的最前列。

与此同时，陈光明2007年被省委省政府授予“陕西省劳动模范”荣誉称号；2008年被市委市政府授予“汉中市有突出贡献的拔尖人才”荣誉称号；2014年被留坝县人民政府命名为最美留坝人等荣誉称号，并多次受到省、市、县各级政府及单位的表彰奖励。陈光明现任交通运输局副局长、交通战备办公室主任、局党支部书记，县党代表，汉中市政府专家库专家。

第四节　“劳模工匠进校园”活动典型人物先进事迹——陈美芳

【人物简介】陈美芳，全国劳模、全国工会十七大代表、浙江省总工会副主席。她是中国铁路上海局集团有限公司杭州客运段甬广车队K212/209、K210/211次列车长。曾获得“全国劳动模范”“全国五一劳动奖章”“全国最美青工”“浙江省劳动模范”“浙江省建功立业女标兵”“浙江省职业道德建设十佳标兵”“全国铁路火车头奖章”“全国铁路创先争优党员服务明星”等荣誉。

2017年，她光荣当选为党的十九大代表，参加中国共产党第十九次代表大会。

她创建的“陈美芳亲情服务团队”被评为全国铁路党内优质品牌。

最美奋斗者陈美芳——圆梦铁路，不负芳华

陈美芳从小最大的梦想，是当一名列车员。陈美芳出生在浙江金华浦江五星村，父亲在江西鹰潭开荒种地、养蚕。

1993年春节，14岁的陈美芳和哥哥跟着爸爸乘坐火车准备回老家过年。因为人太多，他和哥哥在火车上跟父亲走散了。正在这时，她听到有人高喊：“请让一让，我找小孩!”这是熟悉的父亲的声音。父女俩见到彼此的时候，相拥而泣。也是在此时，陈美芳催生了一个希望要当列车员的梦想，为的就是不

让乘车的小孩与家长分开。

1997 年，18 岁的陈美芳实现了自己的梦想，如愿成为一名列车员，登上了杭州客运段值乘的 K209/210 次列车。不过理想和现实之间的差距，让陈美芳受挫。陈美芳向家里打了电话，泣不成声。痛哭了一宿的陈美芳渐渐平静下来，她意识到，自己选择的路，那就不能当逃兵，不能辜负自己的梦想。

岁月冬去春来，列车南来北往，陈美芳就是这样一步一个脚印地前行着，也不断温暖着旅客们的心灵。

2015 年 8 月 25 日凌晨，陈美芳巡视到 14 号车厢 5 号下铺时，看到一位旅客正哄着 5 岁的女儿睡觉，小女孩的呻吟声时断时续，她了解情况后，知道孩子患了地中海贫血，在听完这位旅客的讲解后，陈美芳连夜发动班组成员献爱心，当陈美芳拿着爱心款 1350 元找到这名旅客时，这名旅客两行热泪一直流到嘴角。

因为这对旅客（父女俩）每月都要去广州配药，陈美芳主动与他们结下服务对子。每当父女俩买不到卧铺票、拿着坐票上车时，陈美芳总会腾出“爱心铺”帮他们；且陈美芳通过各种方式献爱心为这家人走出困境。

陈美芳心系旅客冷暖，情牵旅客喜忧，把旅客当成自己的家人，让乘车旅客觉得“这是一趟有感情的列车。”

陈美芳创建亲情服务团队，以一个人带动一帮人。她通过细心观察、调查思考、走访询问等，从旅客需求出发，开创了多个充满温情的特色服务项目。比如，配置了一个“百宝箱”以备旅客不时之需；成立了“美芳爱心基金”，帮助旅途中有经济困难的旅客；成立“劳模智囊团”，联合医疗、公安、交通等各行各业的专家劳模的力量，更好地应对列车突发事件，解决旅客困难等等。

待旅客如亲人，但对亲人却有太多亏欠。由于她和爱人李亮同是铁路职工，聚少离多，儿子李子炫从 6 个月开始就过着四处寄养的生活。

儿子读了 3 年幼儿园，她因工作原因没有参加过一次家长会、一次亲子活动。

但父母是儿女最好的榜样，舍小家为大家，在列车乘务员这样平凡的岗位中不断缔造非凡，她的力量源自初心不改，她的不凡因为永不懈怠，奋斗不已，这样的她展示的是新时代铁路榜样的夺目风采，也是儿女最好的榜样和自豪。

第五节 “劳模工匠进校园”活动典型人物先进事迹——苟睿

【人物简介】苟睿，陕西交通职业技术学院公路与桥梁工程专业毕业生。毕业后，先后担任陕西省高等级公路管理局西铜管理处副所长、所长，陕西高速集团北秦分公司、西宝分公司、西汉公司党委委员、副总经理，西延分公司党委副书记、经理，陕西省高速集团收费管理部部长、陕西高速集团西渭分公司经理、现任陕西高速集团服务公司经理。先后被陕西省委、省政府授予“陕西省劳动模范”“先进工作者”，被交通运输部评为“抗灾保交通先进个人”，连续多次被陕西省交通运输厅、陕西高速集团授予“优秀党员””先进工作者”等荣誉称号。

陕西交通人苟睿——责任入心唯倾力，重任在肩当笃行

苟睿，1989年于陕西交通职业技术学院公路与桥梁工程专业毕业，三十年交通生涯，他先后走过8个单位，参与过陕西第一条高等级公路——西三一级公路的建设、运营和管理，也经历了西延、西宝、西汉、西渭等陕西省内多条重要高速公路的运营管理工作，并在高速公路服务区这个全新的舞台大展拳脚，砥砺前行。先后被交通运输部评为“抗灾保交通先进个人”，被陕西省委、省政府授予“陕西省先进工作者”，连续多次被陕西省交通运输厅、陕西高速集团授予“优秀党员”“先进工作者”等荣誉称号。

苟睿出生农民家庭，1985年，中学毕业的苟睿，怀揣着梦想，带着“学不成名誓不还”的执着离开家乡踏上求学之路。20世纪80年代的陕西，还没有一条真正的高速公路，从那时起，他就立志要为陕西交通事业贡献自己的一份力量。

因为心中有目标，在校期间苟睿勤钻研专业知识，做到了勤学好问，积极思考，取得优秀的学业成绩；他聆听老师教诲，修身自律，严以律己，宽以待人，尊师爱友，形成良好的品格；作为班干部，协助老师进行班级管理，培养了责任担当意识，养成了吃苦耐劳的习惯，这些都为之后的管理工作打下了基础，派上了用场。

1989年，刚刚毕业的苟睿被分配到陕西省高等级公路管理局工作，成为陕西交通第一批收费员，第一批收费班长。这段经历，对于他的职业生涯有着

里程碑意义。在当时，从西安到延安，少说也要两天的车程。当时西三一级路的建设形势紧迫、任务重，为了保质保量竣工通车，苟睿和工友们不分昼夜加班工作，抢工期，克难题。但那时的陕西交通人在管理和施工上都还没有成熟的经验可循，工作开展起来格外费力。从规范的制定到运营管理，一切都是新的课题、都是新的挑战。自己从事的征费工作，也是一片空白，根本没有成型的经验可循，更没有师傅可跟，一切都从零开始。但苟睿似乎有种初生牛犊不怕虎的闯劲，他一边摸索一边前行，通过亲自实践、发现问题、纠正问题，量身定做属于自己的收费管理办法和标准，可以说是现行收费管理办法的雏形，这也为他以后的高速公路管理工作积累了实践经验。

随着经济社会的飞速发展，陕西高速公路的建设步伐也在改革浪潮中渐渐进入了快车道。苟睿先后从事西延、西宝、西汉、西渭等多条高速公路的收费、养护、路政等重要环节的管理工作。在此期间，苟睿始终恪守“勤于学、敏于行”的原则和信念，从来不敢停止对专业技术知识和政策理论的学习，时时刻刻审视自己，刻苦钻研专业知识，努力让自己的能力素质跟上时代发展需要。工作最紧张的时候，尤其是大雪、大雾天，苟睿经常不敢睡觉，也睡不着觉，手机 24 小时开机随时待命，始终有一根线绷得紧紧的。但是每当看到工作达到预期效果，苟睿心底总会生出一种强烈的自豪和喜悦。

严寒酷暑，春夏秋冬，风雨兼程。2008 年，我国遭遇了历史罕见的大范围冰冻雨雪灾害天气。当时，苟睿任职西延分公司经理，西延高速作为关中连接陕北的重要枢纽，为了保证延安市物资不中断，按照“大雪不封路，大雾少封路”的要求，牺牲休息时间，全力应对特大冰雪天气。苟睿和同事们为了除雪保畅，一连两三天都没有下过高速路，饿了就简单吃点方便食品，困了就在车上眯一会儿，最后终于打通了结冰路段，避免了因积雪积冰造成的道路拥堵。苟睿和同事们的工作最终受到了陕西省交通运输厅的通报表扬。

在苟睿驻守陕西东大门，任职连霍高速主干线的运营公司负责人期间，抢抓机遇，大胆管理，把“创建魅力石榴花服务品牌，打造高速公路运营管理升级版”的理念全面推开，研发了“日常养护管理”APP 应用软件，推出了“魅力石榴花”微信服务平台，创新了路网监控与路政巡查相结合巡查新模式，引入了收费服务评价系统。他带领公司走上了从“强基”向“提质”的转型之路。

苟睿任陕西高速集团收费部部长的 6 年里，积极倡导利用现代科技提升高速公路收费服务水平，陕西高速集团 ETC 收费车道在短短 4 年间实现了从 39％到 98％的大跨越，为方便三秦百姓出行，助力三个陕西建设做出了积极贡献。苟睿与部门人员一道编写了陕西首部《高速公路运营服务标准化手册》，被中国交通企业协会评为“全国交通企业管理规范化创新成果一等奖”。2016年，他又主持编写了《陕西省高速公路收费人员服务规范》地方标准通过陕西省技术监督局的评审。

2017年底，适逢陕西实施追赶超越的重要机遇期，高速公路服务区事业迈入转型升级的关键时期，交通运输部、陕西省交通运输厅等各级部门对高速公路服务区发展越来越重视。在这个重要节点上，苟睿被调任陕西高速集团服务区管理分公司，这既是组织对他的信任，也是对他的一次考验。因为苟睿虽然在交通行业工作了半辈子，但是说起服务区的经营管理，他却是个“门外汉”。

在这之前，一提到服务区，第一印象就是在高速公路休息、上厕所的地方，其服务态度差、饭菜难吃、物品价格贵。但苟睿深知，既然组织将此重任交给自己，就必须勇往直前。苟睿到任服务区管理公司经理后的暗访工作中，不止一次看到一线员工弯腰捡拾地上垃圾和烟头的场景。这个看似很简单的一件小事，却深深感动了苟睿，那是一种责任。苟睿深知现在自己所在服务区工作是一个服务行业，必须通过辛劳与汗水才能换来服务区的品牌和优秀的服务区文化。

苟睿公司管理的高速集团所辖的42个服务区，点多、线长、面广，遍布陕北、关中、陕南各地。在苟睿的带领下，高速服务人们舍小家、为大家，不分黄昏黎明，不惧严寒酷暑，默默无闻地坚守在服务第一线，扎根在服务保畅的第一线，错过了无数个与家人团圆的机会，将自己的青春与热血奉献给了高速，奉献给了司乘。越是休假，越是忙碌。逢年过节，超市员工一连上货六七个小时，保洁阿姨打扫卫生连轴转，服务员们忙得直不起腰、喝不上水，这都再正常不过；七八月份，保安在炎炎烈日下，依然坚守岗位；主动搀扶老人上卫生间，帮司乘在马桶里捞钥匙，帮司乘推车，一年下来，仅拾金不昧的好人好事就有几百件。苟睿被这群可敬可爱的高速服务人感动了，被他们这种爱岗敬业、尽心尽责服务过往司乘的精神深深吸引了。

正是因为有这样一群普通而伟大的人，高速公路服务区才能飞速发展。近几年，苟睿在服务区管理方面的多项做法都已跻身全国前列，肯德基、哈根达斯、西安饭庄、东东包等国内外知名品牌相继引入，绿色生态环保技术被广泛应用，充电站、加气站正加速建设。苟睿还建设了属于“长安驿”服务品牌，公司有23个服务区的建设规模超过200亩，10个服务区的年经营收入突破千万元，年入区车辆达1200万台次，司乘4800万人次，近五年接待量和经营效益翻了一番。服务区从无到有，从小到大，探索建立了完整的服务区运营管理体制机制，培养了一支优秀的专业管理团队，数量和规模不断扩大，综合服务水平持续提升，经营指标逐年增高，已经成为陕西高速集团经营板块中增长最为迅猛的一个板块。

高速公路服务区作为一个朝阳产业，未来几年，将有更广阔的发展舞台，苟睿还打算将高速公路服务区向城市延伸、向景区延伸，将服务区打造成综合商业服务体，实现服务区社会价值和商业价值的最大化，打造国内一流且具有较大影响力的服务区管理品牌和服务品牌。

现在，我国的高铁、高速公路已进入世界先进行列，硬件是国威，高效精准的服务更是民族精神的脊梁。实现交通强国、交通强省，实现中国梦的交通新篇章，正是因为有着苟睿这样一代又一代的圆梦接班人薪火相传、持续奋斗。无论行业如何发展，严谨执着、追究极致的工匠精神和爱岗敬业、勤奋工作的劳模精神永远不会过时。

第六节　“劳模工匠进校园”活动典型人物先进事迹——管延安

【人物简介】管延安，男，1977 年 6 月 19 日出生，汉族，山东潍坊人，初中文化，群众。1995 年参加工作（农民工），先后参与了世界三大救生艇企业之一——青岛北海船厂、国内最大集装箱中转港——前湾港等大型工程建设。参加港珠澳大桥岛隧工程建设，是中交港珠澳大桥岛隧工程Ⅴ工区（中交一航局二公司负责）航修队钳工，负责沉管二次舾装、管内电气管线、压载水系统等设备的拆装维护以及船机设备的维修保养等工作。先后荣获港珠澳大桥岛隧工程“劳务之星”和“星员工”称号，因其精湛的操作技艺被誉为中国“深海钳工”第一人。2015 年“五一”前夕，中央电视台系列纪录片《大国工匠》之《深海钳工》专题播出他的先进事迹。

港珠澳大桥建设者管延安——干一行，爱一行，钻一行

港珠澳大桥是在“一国两制”框架下粤港澳三地首次合作共建的超大型跨海交通工程。岛隧工程是大桥的控制性工程，是我国首条外海沉管隧道，这也是目前世界上在建的最长公路沉管隧道。工程严格采用世界最高标准，设计、施工难度和所面临的挑战均为世界之最，被誉为“超级工程”。岛隧工程建设

标志着中国从桥梁建设大国走向桥梁建设强国。

管延安，中交港珠澳大桥岛隧工程Ⅴ工区航修队钳工，负责沉管舾装和管内压载水系统安装等相关作业。经他安装的沉管设备，已成功完成 18 次海底隧道对接任务，无一次出现问题。凭着高超的技艺和精益求精的“匠心”，管延安成为中国“深海钳工”第一人。

18 岁管延安就开始跟着师傅学习钳工；“干一行，爱一行，钻一行”是他对自己的要求；有空的时候就看书学习，是他最大的工余爱好。二十多年的勤学苦练和对工作的专注，心灵手巧的他不但精通錾、削、钻、铰、攻、套、铆、磨、矫正、弯形等各门钳工工艺，而且对电器安装调试、设备维修也是得心应手。

2013 年初，管延安来到珠海牛头岛，成为岛隧工程建设大军一员。刚刚来到岛隧工地，管延安就与航修队的同事们投入到第一节（E1）沉管的二次舾装作业中，压载水系统、通信系统、监控系统……100 多条主线，1000 多条支线，错综复杂的管线从沉管里接通到津安 3 指挥舱控制中心。这些管线都是连接大脑和身体各部位的神经，每一个接点都必须连接到位，每一条线路都必须保证通畅。如果在沉放时任何一条线出现问题，沉管就不可能完成精确对接。

三个多月时间，管延安和同事们日夜奋战，布设管线、安装设备、整合系统，一遍又一遍地调试。2013 年 5 月 7 日，港珠澳大桥海底隧道首节沉管顺利安装成功，圆满实现了“深海初吻”，管延安和航修队的同事们交上了一份漂亮的答卷。

首节沉管二次舾装中间发生的一次“事故”让管延安记忆犹新。当时在进行压载水试验，刚刚安装的一个蝶阀出现了渗漏现象。虽然这个工作在其他地方干了很多次，而且蝶阀是新的，安装前进行试压检查时都是好好的，没想到一到试验时就出了问题。后来经检查发现是试压的时间不够。这件事情给了管延安一个深刻的教训：必须逐一仔细检查每一个蝶阀，试压的时间不少于半个小时。

“专注、做什么事情都静得下心来”是同事们对管延安的一致评价。针对所负责的任务，他有自己的一套检查方法。在一次对已安装完成的水下线缆固定卡环例行检查中，他发现线缆没有包胶皮。有丰富经验的管延安知道，包胶皮后将降低对线缆的磨损，于是他立即将班组作业人员叫到现场，一起将八个卡环一一拆开，包好胶皮，再重新安装。

首节沉管安装后不久，岛隧工程项目林鸣总经理来到航修队维修基地，看见工人师傅们正在专心清理蝶阀里面的法兰盘，指着两排摆放得整整齐齐的蝶阀问管延安："这些盘怎么分成两排摆放?"管延安说："前面的这些都是保养过的；后面的那些经检查有一些隐患，已经被淘汰不能使用。"林经理一下发现了风险："蝶阀要重复使用，经过保养的和不能使用的看不出明显区别，在紧急情况下会不会有不熟悉情况的工人混拿、混用?"这让管延安猛然意识到，现场设备管理还存在漏洞。从那以后，管延安建立起一套完善的设备管理机制，每一件设备都进行编号管理，每一个蝶阀都标明使用次数；并将林经理"一丝不苟，不让隐患出坞门"的要求制作成标语，醒目地立在航修队基地。管延安想用这个标语警示工人们时时刻刻将设备维修、管理做到100%，绝对不能心存侥幸。

每次沉管安装完成后，压载水系统的电动蝶阀都要从沉管里面拆回牛头岛，经过维修、检测后方能重复使用。法兰盘是蝶阀的关键部件，每次维修管延安都亲自动手。铺开耐水砂纸，倒上研磨油，随着手臂不急不缓的摆动，一个直径20多厘米的金属盘在砂纸上均匀地画着圈。研磨阀口最难的地方是因为它有上下两个阀口，一个动面一个静面，都需要研磨得严丝合缝才能不漏不渗。不能有误差。半个小时过去了，他仍然不急不缓一圈一圈地研磨着，原来锈迹斑斑的法兰盘变得光滑锃亮，管延安沿着盘边摸了一圈，均匀地打上黄油，细心地装配到电动蝶阀上。

管延安工作起来追求极致，总会不厌其烦地重复练习、重复检查，他认为只有这样才能快速准确地完成看似微不足道但又举足轻重的工作。管延安常跟年轻同事说的话就是"再检查一遍"，强调最多的就是"反复检查"。同班组小张说："管师傅上个螺丝都要检查三遍。"

E15沉管第三次浮运安装期间，管内压载水系统突发故障，水箱不能进水，沉管安装只能暂停，必须安排人员进入半浮在海中的沉管内维修。浮在水上的沉管犹如一个巨大的混凝土箱子，除了一个直径一米多点的人孔，没有其他的换气通道，空气湿度在95%以上，里面又闷又湿。只要进入里面，不要说作业，就是站立一会儿，身上的汗水就会渗出来黏在皮肤上，好像在身上裹了一层看不见的膜，非常难受。

危急时刻，管延安带领班组人员快速开启人孔盖板进行检修，不一会儿，发梢上的汗珠就沿着管延安的脸往下流，身上的工作服很快就湿透了，他顾不得擦一擦汗水，还是那样专注地进行检修。昏暗的沉管里，绑在安全帽上的头灯发出白色的光柱，稳稳地投射在绿色的阀碟上。从打开到密封的人孔盖板进入管内检修、排除故障，到完成人孔盖板密封全程不超过三小时，效率之高令人惊讶。“这都得益于之前无数次的演练，我们在每节沉管沉放前都要做至少3次演练。这是第15节沉管，至今完成了45次演练，我记得远远不止。”管延安谦虚地说。

管延安还习惯给每台修过的机器、每个修过的零件做笔记，将每个细节详细记录在个人的“修理日志”上，遇到什么情况、怎么样处理都“记录在案”。从入行到现在，他已记了厚厚四大本，闲暇时他都会拿出来温故知新。这些“文物”里，除了文字还有他自创的“图解”。如今他也将这个习惯传承给了徒弟。

管延安虽然是一个熟练工，在参与港珠澳大桥岛隧项目时仍然像小学生般求知若渴，不断学习新知识。在整平船“津平1”上，他跟厂家年轻技术员学习了碎石垫层铺设系统的机械原理和部件检修；在大型沉管安装船上，他与技术主办学习、探索专用锚机和变频器检修。为“抢”到最前面的位置，每天“课程”开始前，他总是第一个到达，边听还边向“老师”提出问题。

为确保工程120年的使用寿命，港珠澳大桥工程严格采用了世界最高标准。面对大量高科技、新工艺和高质量的挑战，管延安从零开始，虚心学习，积累经验，凭借对工作的用心专注、重复锻炼，终成长为中国“深海钳工”第一人。二十多年的钳工生涯，他不仅把钳工当作了自己的事业，也深深地体会到了其中的乐趣。

第七节　“劳模工匠进校园”活动典型人物先进事迹——蒋应成

【人物简介】蒋应成，杭州技师学院青年教师，中国共产主义青年团第十八次全国代表大会代表，全国青年岗位能手。

世界技能大赛冠军蒋应成——不断学习、精益求精

蒋应成，杭州技师学院汽车涂装专业教师，第43届世界技能大赛汽车喷漆项目全国选拔赛冠军；第43届世界技能大赛汽车喷漆项目德国对抗赛第四名；第44届世界技能大赛汽车喷漆项目德国对抗赛冠军；第44届世界技能大赛汽车喷漆项目北欧对抗赛第三名；第44届世界技能大赛汽车喷漆项目澳大利亚对抗赛第三名；第44届世界技能大赛汽车喷漆项目冠军；杭州市世界技能大赛参赛总结表彰暨市高技能人才建设推进会上获得50万元免税奖金。曾

获得“全国技术能手”、杭州市交通运输系统“最美交通人”、杭州市交通运输系统“优秀教师”“桐庐县杰出人才”“最美桐庐人”“最美杭州人”、浙江省“特级技师”“杭州工匠”荣誉称号，被授予“浙江省五一劳动奖章”“杭州市五一劳动奖章”。

蒋应成来自云南保山一个普通的农村家庭，因为从小对汽车和颜色感兴趣，所以当初在面临读普高还是职高时，毫不犹豫地选择了设有汽车喷漆专业的职高来实现自己的梦想。2012 年，他来到杭州技师学院这座充满现代化气息的校园里学习。在这里，蒋应成度过了最美好的青春岁月。杭州技师学院里经验丰富的老师、先进的实操设备、浓厚的竞技氛围和领先的教学理念，让他像鱼儿在广阔的海洋里自由遨游一样肆无忌惮地汲取知识的养分。在老师的悉心指导下，蒋应成脚踏实地、积极进取，学好每门课和每个技能点。功夫不负有心人，在当年的学生技能运动会上，蒋应成以不错的表现赢得了老师同学们的掌声，这让他第一次体会到技能本领给蒋应成带来的光荣。从那以后，蒋应成学习技能的动力更足了，要求自己不断学习、精益求精，向优秀高技能人才看齐。

2013 年蒋应成到杭州市中德汽车服务有限公司实习，这段历程不仅让蒋应成掌握了汽车喷漆方面的很多实用技术和小技巧，而且让他意识到在企业进行实践的重要意义。对喷漆技术的逐渐深入了解使蒋应成越来越清楚自己内心的渴望，那就是对技能的极致追求。

2014 年，学校开始组织第 43 届世界技能大赛汽车喷漆项目的报名，蒋应成按捺不住内心的激动，立刻报名并回到学院进行训练。通过层层选拔，蒋应成先后获得市赛第二名、省赛第二名，并以全国选拔赛第一名的成绩入选第 43 届世界技能大赛汽车喷漆项目国家集训队，与师兄杨金龙一起并肩作战，过关斩将，杀进冲刺阶段。虽然最终没能代表中国圆梦巴西，和世赛擦肩而过，但各种训练、选拔和集训，提升了蒋应成的专业技术水平，磨砺了心理素质，让他迅速成长起来。

蒋应成见过真正追梦的人是怎样执着坚持着，见过渴望技能的人是如何玩命训练着，见过梦圆时刻他们的热泪盈眶……这让他感动，也让他心生敬畏。比赛征程上的所见所闻、所思所想，经历的事，遇见的人，都是蒋应成人生中最宝贵的财富之一。

顾城的诗里说：“走了那么远，我们去寻找一盏灯。”对于蒋应成而言，那灯就是世界技能大赛。抱着一切清零的心态，2016 年蒋应成再次参加世赛选拔赛，重新开始了世赛之旅，朝着世界技能奥林匹克之巅勇敢冲刺。在 2016

年9月的第44届世界技能大赛汽车喷漆项目全国选拔赛中，蒋应成以第一名的成绩再次入选国家集训队，对于这个全新的开始，他想着一定要把自己最好的一面展现出来，打一场漂亮的胜仗。有了参加上一届世赛集训选拔的经验，这一次要走得更加细致、更加耐心，也更加稳妥、更加成熟。

在训练期间，高强度训练是蒋应成每天的必修课，“高温酷暑”“汗流浃背”“手臂酸痛”这些对蒋应成来说更是家常便饭，但他丝毫不觉得艰辛，即使是放假休息时也总想着到训练场去，训练时的每分每秒都让蒋应成觉得踏实、开心。同时，蒋应成也常告诫自己不能满足于国家队的选拔成绩，他决定一定要在国际舞台上正常发挥，展现中国技能青年的风采。经过努力，蒋应成终于披上了国家队的战袍，在异国他乡为祖国、为自己赢得了荣誉。那段时光，对于他来说就像一块海绵，他抓住一切机会吸收各种养分，累并快乐着。

回顾蒋应成的夺冠历程，从2013年到决赛，蒋应成为参加世界技能大赛整整准备了五年，在这1800多个日夜支撑蒋应成走下来的是对技能梦和世赛梦的追求。就像“宝剑锋从磨砺出，梅花香自苦寒来”说的那样，只有经得起时间和困难的磨炼，才能最终到达理想的彼岸。因此在高强度训练中，无论遇到多大困难，蒋应成都咬牙坚持，以高标准要求自己，最长的时间蒋应成有两个月没有出过校门一步，那两个月内，除了吃饭睡觉，基本都在训练。夏季烤漆房里40多度的高温，要把每一个细节做到极致，一天下来汗水能够湿透七八套工作服，蒋应成也没有中断训练。

得益于学院的优质平台，蒋应成参加了德国、丹麦、北欧、澳大利亚等国家和地区的交流和对抗赛，这些宝贵的机会不但提升了蒋应成的抗压能力和实战水平，而且让他与其他国外的专家和选手进行了交流，了解对方的实力，学习对方的优点，学习到了很多的技术细节处理方法和比赛规则，收获了许多经验。比如抗赛中一位俄罗斯选手的一个细节操作让蒋应成看到了自己与国外选手的差距，事后结合教练提供的针对性指导和训练使他水平得到了实质性的提高。还有德国选手的严谨态度也让蒋应成很震撼，他们拧螺丝帽，用手拧到拧不动，再用扳子拧2.5圈，就是为了达到螺丝拉力强度的最佳状态。这些细微的动作都让蒋应成见识了外国选手们的较真、严谨，见识了真正的工匠精神。

汽车喷漆项目的评分标准非常严苛，按照世界技能大赛的要求，油漆上下的厚度误差不能超过0.01毫米，相当于一根头发丝至今的1/6左右，这就要求严格控制喷枪的气压、出气量、走枪的速度等。平时教练、专家“吹毛求疵”的训练要求在比赛中显现出了巨大的成效，正是这种看似苛刻的“魔鬼”式折腾，为蒋应成在正式比赛中正常甚至可以说是超常发挥打下了扎实的基础。比赛过程中，要用到左手的地方很多，为了让蒋应成的左右手都能熟练操作，达到稳定的水平，教练经常一整天一整天让蒋应成用左手重复练习同一个动作，也就是不断地“机械性地重复”。后来演变到日常生活中，只要用手的地方，优先用左手。现在除了会喷漆，蒋应成还学会了用左手吃饭的新技能。

世界技能大赛并不仅仅是技术的比拼，还有心理、体能等综合素质的较量。为了适应高强度的比赛节奏，集训期间，蒋应成在学院领导和世赛团队的指导帮助下，他每天都会进行专门的训练来增强自己的体能和心态，同时还充分利用去企业训练、参加对抗比赛等机会，反思总结，提升自己的心理素质。为了提升体能，他每天需要绕学校操场的标准跑道 30 圈，跑一次是 84 公里，相当于两个全程马拉松，两年体能累计的历程达到 100 个马拉松。

蒋应成的成功离不开团队的付出，世界技能大赛金牌里面饱含了他身后那些默默付出的心血和汗水的专家、教练、领导、同事。为了让蒋应成专心比赛，同事们像亲人一样关心其衣食起居；赛场上，整个团队“同呼吸、共命运”。回想拿到金牌的那一刻，周围的时间仿佛静止了，台上台下都是欢呼声、呐喊声。当蒋应成走下领奖台，和教练紧紧拥抱，翻译激动流泪，这些都是对他的一种无声的鼓励、无言的支持。

技能的确改变了蒋应成的人生轨迹，让蒋应成这个“寒门子弟”实现了自己的梦想。蒋应成爱汽车喷漆技术，爱他的车间、烤漆房，因为他们“接地气”，能给人们的日常生活带来便利。蒋应成带着想学好汽车喷漆技术的初心，通过顽强拼搏最终实现了金牌梦，为国家争得荣誉。

第八节　“劳模工匠进校园”活动典型人物先进事迹——龙秋亮

【人物简介】龙秋亮，中共十九大代表，湖南路桥集团长江分公司总经理。

2003 年 7 月至 2004 年 12 月，任海南三亚湾大桥测量员、施工员、合同科长。

2004 年 12 月至 2005 年 6 月，任怀新高速 14 标杉木塘特大桥项目部质检科长。

2005 年 6 月至 2006 年 9 月，任桥梁五公司本部投标、合同管理专干。

2006 年 9 月至 2007 年 10 月，任桥梁五公司海口项目部技术负责人。

2007 年 10 月至 2013 年 11 月，任广东广深沿江高速公路 A2 合同段虎门处副处长。

2013 年 12 月至 2015 年 3 月，任大岳高速公路 16 合同段项目副经理。

2015 年 4 月至 2015 年 12 月，任长江分公司工程部长兼大岳高速公路 16 合同段项目副经理。

2016 年 1 月至 2017 年 9 月，任长江分公司工程部长兼佛山南庄大道工程项目经理。

2017 年 10 月至 2018 年 5 月，任湖南路桥集团法律事务部部长。

2018 年 6 月至今，任湖南路桥集团长江分公司总经理。

2016 年先后获得共青团中央、人力资源社会保障部“全国青年岗位能手”称号和湖南 2015 年度特别关注“最美青工”称号；2016 年至 2017 年间，先后当选湖南省第十一次党代会代表、党的十九大代表、湖南省青年联合会第十一届委员会常委。

最美筑梦人龙秋亮——路桥作证，不负韶华

龙秋亮，本科学历，中共党员，湖南岳阳人，1982 年 9 月出生于一个农村教师家庭，家中兄弟姐妹众多，父亲是一名有着 37 年教龄的退伍军人和老教师党员，家中姊妹大多数也都从事着教师职业，唯有他选择了与架桥相伴的职业生涯。

自 2003 年参加工作以来，先后参建了海南三亚湾大桥、湖南怀新高速杉木塘特大桥、广深沿江高速东莞段、大岳高速等诸多重点项目，从普通合同工逐渐成长为技术骨干，先后获得“全国青年岗位能手”、湖南“最美青工”等荣誉，现担任湖南路桥建设集团公司长江分公司工程部长兼佛山市南庄大道提升工程项目负责人。在此过程中，他始终相信，只要不畏艰苦，锐意创新，目标终会实现。

2003 年 7 月，怀揣着对梦想的憧憬来到海南三亚，他开始了人生中第一座桥——海南三亚湾大桥的建设。从测量员干起，每天头顶烈日，面朝海风，一年下来俨然成了位“非洲黑人”。他工作责任心强、吃苦耐劳，很快被项目领导赋予了更多职能，开始了全方位的历练。在项目建设期间，熟练掌握了交通运输部招标范本、合同法等一系列法规和专业标准，为自己在工程预、决算方面的能力提升打下了坚实的基础。2003 年，受“非典”影响，全国的材料价格出现大幅度上涨，主要材料价格涨幅甚至达到了投标时单价的两倍。民营建设单位的业主不但不承担施工过程中的材差风险，还利用施工承包合同要求项目以控制价到中标价的下浮比例两次下浮后结算，地方财政部门和建设单位

均以无材差且下次下浮后的结果出具了项目评审报告。作为企业的授权代表，关键时刻，临危受命，担起了项目竣工决算工作的重担。仔细学习研究了承包合同、招标文件、工程量清单和相关法律条款，寻访了十余位工程及法律领域前辈，启动法律程序，经过艰苦的谈判，最终促使建设单位同意承担一半下浮资金、财评部门撤回原评审结论，最大程度上保全了企业利益，也避免了因结算纠纷影响企业在海南市场的拓展。

2007 年 10 月，龙秋亮所在公司湖南路桥集团中标广深沿江高速公路 A2 东莞段总承包项目，任命他担任 B9 标副总工程师兼悬浇梁段工区长，负责标段范围实施性总体施工组织设计及专项方案的编写和悬浇工区的生产管理。B9 标全段均位于虎门镇区，施工路段居民集中，桩基施工易造成邻近房屋开裂损坏，无法应用常规成孔工艺。在面临着工期紧、用地不连续、地质条件复杂、基岩强度大等几大难题情况下，为了能完成预期目标，龙秋亮向公司建议，斥资 1500 多万元引进意大利进口“土力 SR－100 型”旋挖钻机，这是当时国内首例整机进口的最大型号旋挖钻机。设备投入使用后，通过反复验证，调整方案，不断总结，龙秋亮编写出了一套操作性较强的施工作业指导书，克服了试钻过程中由于设备重、钻进加压不均衡而产生的地基变形、塌孔、基岩层钻进时钻齿损坏等情况。5 个月后，旋挖成孔技术进入正式投产阶段，在施工中成功应对大直径、深长桩、地下水位高、不良地质等技术难题，创造了良好的经济效益。该设备的引进和技术的应用填补了省内施工企业在桥梁嵌岩桩旋挖工艺应用上的技术空白，为国内同条件下的工艺推广扫除了技术障碍。龙秋亮编写的《旋挖桩施工技术的研究和应用》也收到了良好的实践效果，该项技术创新也获批准为省级科研课题，整理出了一系列的技术成果。

2013 年，龙秋亮被任命为大岳高速第 16 合同段分管工程、合同的项目副经理，开始从技术岗位向项目管理岗位的转型。“笨鸟先飞”“未雨绸缪”是龙秋亮做项目技术工作的一贯思想和态度。在大岳高速项目开工前，龙秋亮便带领团队早早进入状态，做好了从项目管理策划到各模块的执行反馈。最终，项目比合同工期提前一年完成，获得了社会效益和经济效益的大丰收。他也连续两年获评“目标考核第一名”，同时，项目也获得了“平安工地”示范项目、“省重点建设项目施工优胜单位”“安全文明先进单位”“湖南高速工匠选评优秀项目”和湖南路桥建设集团“质量管理优秀项目”等一系列荣誉称号，在全线施工企业中处于领先地位。

2015 年 4 月，因在大岳高速 16 合同段项目工作期间的出色表现，龙秋亮被公司安排兼任长江分公司的工程管理部长。在新的工作岗位上，他积极探索，总结业内优秀施工管理经验和方法，建立了分公司的项目成本管理体系，提出了“重策划、清思路，推预算、量目标，集约化、保执行”的成本管理理念，并编写了一系列的项目成本管理制度。目前，这一管理体系已成为公司对项目成本管理的实施性纲领，新的成本管理举措在分公司各项目推行后效果显著，极大程度上改善了分公司的项目成本管理短板。

然而，工作中力求完美的龙秋亮，对于家庭，却无比的亏欠，在诠释丈夫和父亲的角色时更难言称职。

2013 年 1 月，龙秋亮的女儿龙杨依出生，因放不下工地紧张的生产任务，在女儿出生前 1 天才匆忙赶回家，却在女儿出生五天后就匆忙告别了妻子奔赴工地。然而，不幸却悄然降临，2014 年 9 月，龙秋亮接到妻子的电话，年仅 1 岁 8 个月大的女儿被诊断为肾病综合征中的节段性肾小球硬化，这个消息让龙秋亮心痛到难以承受，人生第一次如此深刻的体会痛苦，这一刻，强烈的愧疚感让眼泪忍不住夺眶而出，然而，下半年是施工生产的黄金时期，工程进度一刻也不能耽误，龙秋亮在短暂探望之后就立刻回到了自己的工作岗位，把家中事务都交给了妻子。

毕业参加工作至今十三年有余，龙秋亮一直深信只有不断学习、完善自我才是一个人走向成功的唯一捷径。也正因此，他才能在建筑工地这样相对紧张且单调的工作环境中仍能坚持学习。多年来，先后考取了公路、房建、市政、水利四个专业的国家一级注册建造师以及注册安全工程师、交通运输部试验检测工程师等多项执业资格，参与研究编写了《50mT 梁高台预制、安装施工工法》《新加工挂篮主桁简易试压工法》《可移动整体托架大悬臂盖梁及悬浇段 0 #块施工工法》，分别获得企业工法、省级工法的认定，在各类专业杂志和刊物发表桥梁施工技术类论文 10 余篇，撰写了多项科研课题和企业工艺标准。因为工作业绩突出，龙秋亮先后荣获 2014－2015 年度“全国青年岗位能手”、2015 年度湖南省“特别关注最美青工”、湖南路桥建设集团公司 2009 年度“四优共产党员”、2012－2014 年度“优秀共产党员”等荣誉称号。2016 年，龙秋亮被选为中共湖南省第十一次党代会代表，同时被湖南省国资系统推选为中共十九大代表预备人选。

天道酬勤，多年来，龙秋亮始终牢记自己是一名共产党员，在工作、学习、生活上坚持严格要求自己，养成了乐观坚忍的个性。和这个行业诸多的年轻人一样，他的青春伴随着架桥的事业，脚步也终将继续与架桥为伴。

第九节　“劳模工匠进校园”活动典型人物先进事迹——罗锦鸿

【人物简介】罗锦鸿，1991 年毕业于广东交通学校公路与桥梁工程专业，2010 年毕业于长安大学道路桥梁与渡河工程专业。现任广东省长大公路工程有限公司第二分公司书记。带领港珠澳大桥项目经理部获 2014－2016 年感动交通人物——最美南粤交通集体以及交通运输部中华总工会 2016 年感动交通年度集体。

最美南粤交通工匠——罗锦鸿

罗锦鸿，土木工程专业毕业，自工作起，先后参与了珠海市南门大桥、虎门大桥、广澳高速公路、广惠高速公路、江西赣州大桥、广深沿江高速公路等重大项目的建设，历任试验技术员、测量技术员、质检工程师、技术主办、项目副经理、项目经理等职。2012 年 6 月至今，参与港珠澳大桥建设，担任港珠澳大桥 CB04 标党支部书记兼项目副经理，分管党务建设、综合事务、人力资源、安全环保等工作。

CB04 标桥址位于港珠澳大桥主体桥梁段的中部，全长 7.154km。是港珠澳大桥海中桥隧工程的一部分，2012 年 6 月 28 日，CB04 标合同签订，2012 年 6 月 29 日，CB04 标项目部成立。作为项目牵头人，罗锦鸿来到珠海，从工区划分、营地布置开始筹备、展开标段的建设和管理工作。

由于项目体量大、标准高，参建的单位多、职工多，整个项目线长、点多、面广，这给罗锦鸿负责的综合事务等工作带来了巨大的挑战。据他介绍，高峰时，项目参建员工多达 1500 人，除后场管理人员、后勤服务人员及中山预制场人员以外，海上作业人员超过 500 人，其中船员 300 余人，海上作业平台 20 多个，起重船、打桩船、拖轮等作业船舶近 60 艘。要确保这么大面积的物资供给、安全高效作业，尤其是在离岸较远的外海施工人员队伍的安全稳定，需要提前做好多套方案，从小细节做好各项工作。

走进港珠澳大桥 CB04 标项目部，罗锦鸿已经和项目部的同事们部署完“海马”台风的防御工作。在施工图上，我们看到项目部负责的桥址离港珠澳大桥施工总营地 12 海里，一般的交通船来回一趟需要 3 个小时以上。这样的外海作业，对管理人员和施工人员来说都是不多见的。在罗锦鸿初期的后勤保障策划中，计划的是每次送 3 天的物资到海上平台，但是后来发现，风浪大的时候，物资补给船一周都出不了海，即使出了海也没法靠近平台，只好想办法趁风浪较小时，用浮吊把物资送上生活平台，于是又调整为一周的干粮和 2—3 天的鲜货相结合的补给方式。

做好后勤保障，安定远海作战军心

远海作业，工作辛苦，环境恶劣，很容易感觉到孤独，遇到风浪不确定的时候，内心难免恐慌，除了要做好全方位的安全防范工作，作业人员的内心情绪也需要细致的引导和调整。为此，罗锦鸿及其管理团队加强了海上作业人员的岗前安全培训和心理疏导工作，要求每个作业平台的管理人员，尤其是一线党员要关注关心工人情绪，并定期邀请心理专家到海上作业区做疏导和引导工作。除此之外，罗锦鸿还明确要求每名海上施工人员每个月至少上岸一次，难以适应的可以提出换岗；每个班组每天上岗前安全交底，由班组长布置工作任务并交代安全注意事项、检查防护用品的佩戴；管理人员业余时间要组织下棋、故事会、交流心得、专项培训等活动，丰富海上员工的生活。罗锦鸿相信，只有把职工的生活安排好，心情安抚好，才能让他们安心快乐地工作。

罗锦鸿十分关注劳资关系的和谐，因为参建单位和人员多，任何一个环节出问题都会影响全局。因此，从招标协作单位开始就提出了严格要求，并制定了相应的规范。在确定合作方时，除了考虑对方队伍的专业能力外，最重要的一点就是诚信，工人工资必须保障及时足额支付。除了谨慎选择队伍外，在制度规范上也有明确要求，在款项拨付后，罗锦鸿会安排监管员到协作队伍现场监督工资发放，发放完毕后的工资表要报备项目部。每逢重大节日或开学季，罗锦鸿都会协同综合部、人力资源部等约谈协作队伍的负责人，一方面传达政府和公司的要求，普及法律法规及公司的规章制度；另一方面了解结算情况，提出工人工资发放的要求和注意事项。

正因为如此，在长达 4 年半的施工期间，CB04 标的各层劳资关系都十分和谐，未发生过工资拖欠纠纷。罗锦鸿也获得了“工会先进工作者”荣誉证书，对他来说，这不仅是一份荣誉，更是一种提醒和鞭策。

主持书记茶座，关注员工快乐成长

罗锦鸿在项目部发起了晨会制度，让大家分享生活感悟、工作经验、典故笑话等，不拘一格。谈到晨会的初衷，罗锦鸿说，半小时的晨会，能让大家知道彼此的心声，拉近同事间的距离，调动团队氛围，强化团队协作能力，也能发现一些优秀人才。

为了能更好地了解员工心声，关注员工成长。罗锦鸿还经常在办公室和员工谈心，久而久之，员工们到书记办公室交流工作及生活心得、寻求解惑、“窃取”经验成了常态，大家把这种方式称为“书记茶座”。项目部形成了“有问题有困难找书记”的氛围，罗锦鸿接到问题能解决的当场解决掉，难以处理的就召集班子领导一起协商。罗锦鸿说，我们所做的各种努力，就是要让大家安心快乐地工作，因为开心，才会用心。

有人说：细节决定成败。罗锦鸿说：细节成就大节，不注重细节，迟早会失掉大节。管党务、管后勤、管人事、管安全，管的首先是细节。因为关注细节，CB04 标这个团队营造了良好的协作氛围；因为讲究细节，这个团队实现了大规模施工组织的突破；因为重视细节，这个团队创新了多项重大技术。

第十节　“劳模工匠进校园”活动典型人物先进事迹——牟廷敏

【人物简介】牟廷敏，四川省交通运输厅公路规划勘察设计研究院总工程师，教授级高级工程师，享受国务院政府特殊津贴的桥梁专家，四川交通职业技术学院兼职教授。荣获首届四川杰出人才奖、四川省学术和技术带头人、四川省工程设计大师、交通运输部首届中青年科技领军人才、交通运输行业科技特殊贡献奖、十佳全国公路优秀科技工作者、四川省工程设计大师、全国五一劳动奖章、交通运输部 2017 年感动交通十大年度人物等称号。从事桥梁技术开发与设计工作 30 年，在钢管混凝土桥梁、拱桥和桥梁高性能水泥混凝土材料等技术领域成就突出，是我国钢管混凝土桥梁领域的领军人物。

承担近 30 项国家、部省级科技项目资助，取得多项突破性科研成果。牵头攻克了现代桥梁建设面临高地震烈度、高海拔高寒山区和地形地质特别复杂等一系列世界性技术难题，在钢管混凝土桥梁和高性能水泥混凝土材料等领域成绩突出，其科研成果广泛推广应用。主编行业规范《公路钢管混凝土拱桥设计规范》、国家规程《钢管混凝土拱桥技术规程》和四川省地方规范 9 部，填补了该领域国内外技术空白。先后获国家科技进步二等奖 2 项，省部级科学技术一等奖 14 项、二等奖 13 项，授权国家发明专利 23 项，授权国家实用新型专利 41 项，四川省工法 6 项，发表学术论文 70 余篇。承担了巫山长江大桥、四川合江长江一桥、四川合江长江三桥、广西平南三桥、干海子大桥、腊八斤大桥、汶川克枯大桥、云阳长江大桥、广东佛山东平大桥、广州新光大桥、云阳长江大桥等特殊桥梁设计负责人，参加了近 100 项特殊桥梁工程设计、审查。

一位纯粹的造桥人　牟廷敏：创新和探索永无止境

痴心

走过阿坝州汶川县城不远，一座红色钢桥格外亮眼，它的名字叫克枯特大桥，由牟廷敏主持设计，外表看起来比较瘦，一如它的设计者。这座桥是钢管混凝土组合桁梁桥，桥基、桥墩、盖梁、桁式主梁均是钢管混凝土结构，桥面板是带钢底板的组合桥面板，它最大的特点是全桥不需要模板，而且环保经济、节约资源。这种技术国内首创，因此该桥被列为交通运输部和四川省交通运输厅的科研桥，也是目前国内唯一的钢管混凝土组合桁梁桥，它具有“科技引领”的示范意义，实现了技术引领行业发展和产业结构转型升级，与简支桥梁相比，减少混凝土用量约 60%，实现了资源节约和环保；工厂制造、现场整体安装，确保了品质；作业量减少，现场工人由一般所需的 500 人减少到 30 余人，更多的工人进入车间，成为产业工人。克枯特大桥虽说有巨大创新，但却不是牟廷敏第一次涉足这种类型的桥梁，因此他也极具信心。

2012 年竣工的雅西高速公路干海子特大桥，是牟廷敏第一次尝试钢管混凝土桁梁桥，这也是这种桥梁形式在现代交通基础设施中的首次大规模应用。早在 2006 年，四川已经开始论证干海子大桥，初步定下简支梁的设计方案，但是雅西高速公路跨越大渡河、大相岭、拖乌山等水系，山脉和 12 条地震断裂带，整条高速公路线展布在崇山峻岭之间，山峦重叠。在这种条件下，不仅施工难度大，抗震要求也更高。为此，牟廷敏基于多年经验，尝试从“建筑材料的变化”向“建筑结构的变化”改变，决定采用全钢管混凝土结构，提出钢管混凝土桁梁桥的设计方案，这让大桥施工更简单，且自重减轻了 60%以上，大大提升了抗震性能，但这个新东西当时并没有先例可循，都害怕出问题，牟廷敏团队耐心讲解，最终获得了业主认同。2009 年，新方案被批准动工。从设计到完工，干海子特大桥用了 6 年时间，也创造了 4 个世界第一。目前，干海子特大桥已安全运营多年，特别是经受住了“4・20”芦山地震的检验，充分证明了新型钢管混凝土桥梁技术的先进性。牟廷敏一直觉得自己很幸运，正是有了领导敢于决策和支持，才有了现在的干海子特大桥、重庆巫山长江大桥、四川合江长江一桥、广西平南三桥等工程。

和干海子特大桥相比，克枯特大桥则更进一步，实现了全桥不用模板且构造更简洁、施工难度更低。从“全桥模板”到“全桥不用模板”，对钢管混凝土桥梁的探索，在牟廷敏看来依然没有达到极致。他说：“对设计者而言，没有一座桥是完美的。技术的发展有一个过程，时代在进步，科技也在进步，创新和探索永无止境，在一个个‘建设难’被迎刃而解后，‘服务运营’便成为新时代的命题。创新不是目的，只是手段。单纯追求创新是没有意义的，它一定是为了解决某种现实需要。”来自农村的牟廷敏，天然有一种质朴的价值观，就像不追求吃穿一样，造桥，他也不追求奇特，需要什么样的就造什么样的。

决心

钢管混凝土桥梁，世界看中国，中国看四川。几十年来，四川公路设计院持续进行钢管混凝土桥梁的研究和实践，技术已领先全球。钢管混凝土桥梁集纳了钢管和混凝土各自的优点，解决了拱桥高强度材料应用和施工两大难题，而且这种桥型十分经济、美观，尤其在我国西部地区，广受欢迎。在这种背景下，钢管混凝土拱桥开始流行起来。

1991 年，我国首座钢管混凝土桥——四川旺苍东河大桥，经四川公路设计院设计诞生，跨径 110 米；1995 年，首座跨径超过 200 米的钢管混凝土拱桥——广东三山西大桥建成通车；2000 年，广州丫髻沙大桥竣工，最大跨径 360 米。

十年间，钢管混凝土拱桥技术不断得到发展进步。随后的十余年，牟廷敏让钢管混凝土拱桥获得了更加辉煌的成就。2004 年，由牟廷敏主持设计的主跨 492 米巫山长江大桥建成通车，创造了钢管混凝土拱桥跨径的新纪录。之后，他又陆续设计出主跨 507 米的合江长江三桥、主跨 530 米的合江长江一桥和主跨 575 米的广西平南三桥。十余年时间，牟廷敏 3 次刷新了自己创造的钢管混凝土拱桥跨度纪录，这也让钢管混凝土拱桥跨径超越了钢拱桥和钢筋混凝土拱桥，成为拱桥系列的世界最大跨径，且钢管混凝土拱桥的造价也相对较低。以合江长江一桥为例，资料显示，该桥比同期建成的跨径 420 米斜拉桥——合江长江二桥节省投资约 2 亿元。先进的设计理念、强大的实用功能，大量的资源节约，让这些钢管混凝土拱桥广受好评。如何在尽可能满足功能需求的前提下帮助经济欠发达地区省钱，是牟廷敏一直在做的事。

虽然钢管混凝土拱桥有诸多优点，但是在长时间内没有“合法身份”。在 2015 年交通运输部正式规范颁布前，全国已建成 445 座钢管混凝土拱桥，但由于统一技术标准的缺失，让钢管混凝土拱桥的建设存在很多不规范的行为。

2009年起，为了让钢管混凝土拱桥得到健康发展，结合前辈和自身实践的经验，牟廷敏开始主持钢管混凝土拱桥技术规范研究，在历经6年后的2015年，牟廷敏主持编制的《公路钢管混凝土拱桥设计规范》正式由交通运输部对外公布，这是我国第一部钢管混凝土行业规范，标志着我国钢管混凝土拱桥建设技术达到更高技术水平。

恒心

作为桥梁设计大师，牟廷敏并非一开始就从事桥梁设计工作。1988年毕业后，他被分配到四川交通科学研究所，初出茅庐的他在所里做混凝土实验。1991年去日本学习，回国后又从事水泥混凝土和桥梁结构试验、测试和桥梁设计。直到毕业十年后，他才第一次独挑大梁，设计出重庆合川嘉陵江大桥。

世界上没得孤立的事情，桥梁设计是一个整体工程，必须从工程基础学起，牟廷敏从混凝土实验到涉足桥梁设计，这中间还有个插曲。在我国基础建设早期，业内部分技术人员认为水泥混凝土技术含量不高，对混凝土技术的重视程度不高，而牟廷敏却认为水泥混凝土学术价值很高，于是他开始先去搞桥，然后把研究的混凝土成果用在自己设计的桥梁建设中，让行业看到混凝土技术研究的重要性。1994年，牟廷敏开始转型，不仅没有放弃混凝土技术研究，还将其与桥梁建设技术结合起来，建树颇多，《先张法预应力钢箱混凝土梁的制作方法》《一种桥梁高性能清水混凝土及其制备方法》《一种钢管混凝土强劲骨架的钢筋混凝土拱桥及其施工方法》《高钛重矿渣桥梁高性能混凝土技术规程》，从1994年转型算起，牟廷敏与混凝土相关的国家发明和实用新型专利足足有48项，主编国家和省部级规范达9部。正是因为他一直没有放弃对混凝土技术的研究，才让他对桥梁的认识更加深刻。

作为桥梁设计师，不仅要了解结构力学状态，还要对材料进行考量，从中找到最佳结合点，使结构更能满足实地需求，优化结构。在遂广遂西高速公路项目上，由于传统的钢筋网片浇筑混凝土铺装方式会产生很多质量通病，当时牟廷敏就决定改变施工方法，提出了无筋桥面混凝土施工工艺，即通过在混凝土中加入钢纤维的方式施工，这不仅简化了工序，还节约了10%左右的投资。

匠心

在牟廷敏认知里，破纪录是毫无意义的，安全质量才是桥梁设计的第一要义。

1999年，重庆綦江彩虹桥垮塌，现场惨不忍睹，人们纷纷责问设计、施工、监理的工程师们。作为桥梁设计工程师，牟廷敏感到难受和无颜，一直在心里拷问自己："如果我参加了这项工程，怎么办?"从业30年来，这种发自内心的拷问，已经形成牟廷敏的"桥梁价值观"。架桥修路，事关人命，社会影响大，只许100%的成功，不能有1%的侥幸，工程师的责任心与担当和坚持技术规范一样重要。对于桥梁技术，牟廷敏的把控近乎苛刻，不管哪个环节他都认为自己有责任。

在克枯特大桥项目建设过程中，由于是新结构桥梁，施工方缺乏经验，牟廷敏泡在工地上，亲自把关焊接质量，在工地上与工人探讨哪些焊接不合理，哪些需要优化；新的桥型，传统的架桥机无法使用，他主动参与到施工架桥机的设计中，提出很多建设性意见，均被采纳，现在的架桥机在实际运用中效果很好，可变大变宽，可架设200米半径小曲线；首件工程出来后，牟廷敏亲自召开首件验收会，告诉施工方该如何改进，直到合格为止；亲自指导混凝土配合比，这种结构的桥梁，需要流动性好且自密实度高的混凝土，刚开始项目实验人员配不出来，他就带着自己的团队到工地实验室进行指导。

牟廷敏对桥的关怀，不仅仅体现在项目建设过程中，对于竣工多年的桥，他依然时刻关注。干海子特大桥已经建成通车多年，为了监测大桥数据变化，牟廷敏经常带队前往干海子特大桥，实时记录数据。年初气温低，是采集检测数据的好时机，但是大桥下面供检测的钢管横截面通道宽仅50厘米，全长1881米，高度超过100米，加上风大，很多人望而生怯，半路折回，但是牟廷敏一个月就来了8次，只用了1小时便走完了全程。通过反复实地研究，牟廷敏发现了干海子特大桥在混凝土制备与施工技术方面还有可以再完善的地方。他从提升混凝土性能、提高混凝土品质、增加耐久性等方面入手，开展高性能混凝土制备与施工技术研究，开发出密实骨架理论进行混凝土集料组成设计、释水因子稳定膨胀的钢管混凝土拟合设计和混凝土输送工艺等系列技术，从而有效解决了山区桥梁裂缝多、病害发育、耐久性差的困境和钢管混凝土收缩大、灌注困难的技术难题。

30年的行业积淀，虽然已经成为钢管混凝土桥梁领域的权威专家，但是牟廷敏却从来没有把自己当成权威，他的这种"清醒"让他感觉不到自己的"厉害"，但那一座座飞跃群山、横跨大江的桥梁仿佛在诉说，牟廷敏"确实有点厉害"。

第十一节 “劳模工匠进校园”活动典型人物先进事迹——其美多吉

【人物简介】其美多吉，男，藏族，中共预备党员，1963 年出生，四川省甘孜藏族自治州德格县龚垭乡人，1989 年进入邮政企业，现任中国邮政集团公司四川省甘孜县分公司长途邮运驾驶员、驾押组组长。2017 年，其美多吉当选“2016 年感动交通十大年度人物”。2018 年，其美多吉所在的康定—德格邮路被交通运输部命名为“其美多吉雪线邮路”，其美多吉荣获四川省“五一劳动奖章”。2019 年 1 月，中央宣传部将其美多吉定位为“雪线邮路的幸福使者”，授予他“时代楷模”称号，号召广大干部群众向他学习。2019 年 2 月 18 日，其美多吉当选“感动中国 2018 年度人物”。

其美多吉从小的梦想就是邮递车，为了自己的梦想，做自己喜欢的工作，再苦再难他都会坚持下去，在他 18 岁那年，买了一本《汽车修理与构造》的书，慢慢琢磨汽车的构造与汽车修理的方法的理论知识，又进行汽车驾驶的学习，学会的汽车驾驶。1989 年德格县邮电局招聘驾驶员，其美多吉开得好，又会修车，被选中为全县唯一的邮车驾驶员。他在雪线邮路上工作了 30 年。30 年来，其美多吉平均每年行驶约 5 万公里，行驶总里程达 140 多万公里，相当于绕地球赤道 35 圈。他驾驶的邮车从未发生一次责任事故，圆满完成了每一次邮运任务。他 30 年如一日用青春和生命传递邮件，用鲜血和汗水忠诚履职，舍身忘我，不辱使命，实践邮政人服务国家统一、政治稳定、民族团结、经济繁荣、社会进步、人民幸福的职责使命；继承弘扬了“一不怕苦、二不怕死，顽强拼搏、甘当路石，军民一家、民族团结”的“两路”精神；丰富发展了艰苦奋斗、勇于创新、不畏艰险、默默奉献的交通精神。

甘孜州环境艰苦、气候条件恶劣、交通状况差，邮政企业开展普遍服务的难度很大，在甘孜雪崩、山体滑坡、泥石流等自然灾害时常发生，常常威胁着邮车、邮件和驾押人员的安全。甘孜与德格之间，有一座海拔 6168 米、有着“川藏第一高、川藏第一险”之称的雀儿山，雀儿山最高峰绒麦俄扎是四川境内第四高峰，终年积雪不化。有一条海拔高达 5050 米的四川最高工作垭口，川藏线 317 国道由此穿行而过，道路是在绝壁上开凿，一面是碎石悬挂，一面是万丈深渊，道路十分崎岖和险峻，每月其美多吉要在这样的道路上往返 20

余次。有一次遭遇雪崩，被困路上进退无路，其美多吉和同事邓珠两人用铁铲等工具铲雪，开凿出一条路，不到1000米的距离，用了两天两夜。

川藏线不仅路况复杂、气候恶劣，过去车匪路霸也时常出没。1997年至今，甘孜州发生过十多起邮车被抢事件，在一次次生死考验面前，邮政人毫不犹豫地挺身而出，用鲜血和生命守护着邮件和邮车的安全。2000年，驾驶员唐健和押运员肖良在甘孜县庭卡电站附近被两名持枪歹徒抢劫，连外衣也被强行脱走。2001年，驾驶员万树茂与押运员邱宇在罗锅梁子被歹徒开枪射击，邱宇左眼中弹，右眼也留下了弹片，28岁的他双目失明。2011年，其美多吉的大儿子婚期临近，却突发心肌梗死去世，这场打击也让其美多吉变得沉默寡言。2012年9月，其美多吉驾驶邮车返回甘孜，遭遇歹徒持刀抢劫，身中17刀，肋骨被打断四根，头盖骨被掀掉一块。出院后，左手因为肌腱断裂一直无法合拢，他不得不暂别岗位。接连遭遇精神和身体的重创，其美多吉并没有向磨难低头。为了重返邮路，他四处求医，通过痛苦的治疗使左手康复。一年后，不顾同事和家人的劝阻，他再次开上了邮车。

其美多吉知道，他们的工作关乎个人生命安全，关乎客户邮件安全，关乎国家秘密和财产，绝不能有半点闪失。“做好检查，才能安全行驶”，从车辆检查、维修，到熟悉邮路上的每一个转弯、每一处暗冰，其美多吉和他的同事们把执着、专注、精益求精的“匠心”融入邮运驾驶的每一个环节。

如今，其美多吉所在的驾押组，年龄最大的56岁，最小的27岁。他们和其美多吉一样年复一年奔波在雪线邮路上。2018年，其美多吉带领班组安全行驶62.49万公里，向西藏运送邮件41万件，运送省内邮件37万件，连续30年机要工作质量全红。

其美多吉不仅在工作中兢兢业业，在生活中还乐于助人，雀儿山隧道未通车前，在海拔6168米的雀儿山上，其美多吉经常给雀儿山上第五道班的工人莫尚伟、黎兴玉夫妇送去新鲜的蔬菜。对于荒凉的生命禁区，邮车送来的报纸和家书，是精神世界的唯一安慰。而过去20多年里，他们托其美多吉送出去的家书和工资，没有一次丢失过。

雪线邮路上的30年，其美多吉见证着祖国对藏区的巨大扶持，见证着家乡日新月异的巨变。2017年9月26日，雀儿山隧道正式通车。其美多吉开着邮车，第一个通过了雀儿山隧道。过去需要过老虎嘴、鬼门关等危险重重2个多小时的路程，现在只要12分钟就可以通过。从前，邮车总是运进来的东西多，运出去的东西少。近年来，随着电商的发展，送到高原上的包裹越来越多。“我看到老百姓拆包裹的样子，心里就高兴。”其美多吉说。现在，德格印经院的精美藏经、南派藏医的藏药、高原上的土特产，都是通过邮车运递出去。在党和国家坚决打赢脱贫攻坚战的关键阶段，其美多吉和他的同事们一直耕耘在藏区“工业品下乡，农产品进城”的最后一公里，默默守护着藏区人民对美好生活的向往。邮路沿途的藏民，对邮车有着很深的感情，称其美多吉和他的同事是“传递幸福的使者”。

30年来，其美多吉没有在运邮途中吃过一顿正餐，几乎没在家里吃过年夜饭。其美多吉驾驶技术好、路况熟，川藏线上无人不知，很多人劝他换个更轻松更挣钱的工作，他却说：“每一个邮件、包裹都饱含着父母对儿女的牵挂、儿女对父母的孝心，不及时送达感觉对不起那一份份心意。我就喜欢开邮车。”其美多吉没有豪言壮语，但每一句都掷地有声。

其美多吉说：“我是一个地道的康巴人，懂得感恩。每当老百姓看到邮车和我，就知道党和国家时时刻刻关心着这里。我们每一颗螺丝钉都是在为藏区安定团结作贡献，我热爱我的工作。”

第十二节　“劳模工匠进校园”活动典型人物先进事迹——孙建华

【人物简介】孙建华，四川内江人，高级工程师，四川交通职业技术学院88级121班学生。现任四川仁沐高速公路有限责任公司工程处处长。

自1992年我校毕业参加工作以来，孙建华先后在内江市地方交通运输部门、国道318线甘孜境段改造指挥部、四川雅眉乐高速公路有限责任公司、四川仁沐高速公路有限责任公司工作。曾参与地方县乡道路、省道206、国道321、成渝高速公路、内宜高速公路建设、甘孜州通县油路、国道318线海竹段和康东段、乐雅高速公路、仁沐新高速公路等工程建设。先后荣获川高系统“十一五’先进个人”“优秀建设者”、四川省交投集团首届“四川交投工匠”“4.20芦山强烈地震抗震救灾优秀共产党员”、四川省劳动模范等荣誉称号。

孙建华26年的工作经历，硕果累累，为交通行业做出了巨大贡献，9年内江交通系统工作、8年甘孜雪域高原锤炼、9年高速公路建设贡献，到了13个单位工作，在10个部门不同岗位锻炼，搞过设计、监理，当过业主、干过施工、做过试验检测。在内江工作的9年，先后参与了多条地方国、省、县、乡道的建设，参与了成渝高速公路和内宜高速公路内自段的建设，从事了设计、监理、业主、施工等各建设方的相关工作。

2001年11月，孙建华放弃了在内江的工作，毅然远赴甘孜州，参加通县油路建设。没想到这一去，他在甘孜雪域高原就待了整整8年。他在甘孜州S303八丹路建设期间，担任C合同段项目副经理、技术负责人，所管辖的标段被评为甘孜州通县油路示范标段。2003年7月，在校友的帮助下，他被借调到省交通厅组建的国道318线甘孜境段改造工程指挥部，先后参与了318线甘孜境段二（郎山）至康（定）段、海（子山）至竹（巴笼）段、康（定）至东（俄洛）段等三个项目的改造建设。二康路和海竹路位于川藏南路首尾，相距530公里，蜿蜒盘旋在海拔2240米至4885米的高山峡谷之间，横跨大渡河、雅砻江、金沙江，翻越4000米以上的高山7座。国道318线四川至西藏段，就是大家熟悉的“川藏路”，由于地形地质条件复杂、自然气候条件恶劣、道路崎岖难行，所以又有“公路地质博物馆”“西部奇路”等美称，是当时业内众所周知的“国道主干线中最难建的两个工程之一”。

面对困难，他和指挥部的同事们一起，勇于挑战艰辛，敢于挑战自我，尽管因缺氧40%左右经常引发头昏头痛；尽管强烈的紫外线和干燥的气候，致使他们面部脱皮、鼻干流血；尽管因长期在高原工作致使我们早生华发、大量掉发、视力减退、记忆下降；尽管因高原性感冒而有可能让他们患上肺部疾病；尽管因饮用水大肠杆菌严重超标致使我们肠胃病不断，但他们毫不退缩，以坚强的意志战胜了一切困难，满腔热情地投入到项目建设中。当时指挥部驻地在巴塘县，远离成都800公里，恶劣的自然和地理环境，因远离亲人和都市带来的文化生活和亲情匮乏，建设条件艰苦带来的疲惫，无时无刻不考验着我们。但他们牢记使命、牺牲了对亲人的陪伴和爱，努力奋战在雪域高原。背井离乡，他一到巴塘，就投身到工程建设中，“白＋黑，5＋2”地超负荷运转，在甘孜州的8年时间里，他和同事们一起克服了高原缺氧、强紫外线辐射、彻夜难眠对身体的折磨，忍受着远离亲人的寂寞，不惧工作中随时可能发生危及生命的险患，甘做默默无闻的“铺路石”，个人得到了锻炼和提高，指挥部也于2007年5月被全国总工会授予“五一劳动奖章”称号。他们铸就了具有鲜明行业特色的“特别能吃苦、特别能奉献、特别能战斗”的318指挥部团队精神，用汗水和心血书写了无悔的青春。

2009年11月，因工作需要，他被调到四川雅眉乐高速公路有限责任公司，参与G93乐山至雅安高速公路建设，负责征地拆迁工作，创造了洪雅境内近4000亩土地7天内全部提供而无强拆、零投诉的征拆奇迹。

2010年底他从工程技术岗调离从事管理岗，他一直秉承认真做事的态度、高效的方法、先进的理念，严格要求自己，并提出了“三心二意抓建设”的工作要求：工作中要有责任心、上进心、廉耻心；思想上要有服务意识和大局意识。为协调解决好乐雅路跨接乐宜高速公路、遂资眉跨接乐雅路、成绵乐城际铁路2次跨越乐雅路、乐雅路2次跨越成昆铁路、乐雅路施工干扰鱼洞电站等问题，他查阅各类资料、向兄弟单位同行请教、积极加强与相关单位的沟通协调、主动向班子汇报，用自己的勤劳和智慧，及时圆满地解决了相关问题，为项目顺利推进创造了条件；对影响项目建设的补征地问题、红线附近房和挂角房问题，在充分维护公司权益的前提下，他与地方认真协商，达成了一致意见，也陆续得到解决。整个项目建设环境得到进一步优化。2013年9月，在他和同事们的共同努力下，乐雅高速公路主线建成通车，他顾不上休息，又按照组织安排，投身仁寿经沐川至屏山新市高速公路项目建设的前期准备工作中。

26年的职业体验，让他深深感受到：作为一个平凡的人，对生活和工作莫做过多的奢求，工作中只要有“敬业、精益、专注、创新”的精神、对工作始终有“主人翁责任感和艰苦创业精神，忘我的劳动热情和无私奉献精神，良好的职业道德和爱岗敬业精神”，只要在工作中“主动作为、敢于担当”，日积月累，自当会大有收获；在生活中，只要勤于修身养性、诚信为本，自然会广结人缘。

他作为见证蜀道变迁并参与其中的交通人，能融汇在四川交通历史性的大变迁中，深感荣幸和骄傲！1250年前，李白面对巍峨的蜀山，发出了“蜀道之难，难于上青天”的感慨。四川交通人自1913年修建四川第一条马路成（都）至灌（县）开始（60公里修了12年）、1990年9月修建成渝高速公路开始，经过几代交通人的努力，四川省交通建设取得了可喜的成绩：全省公路总里程达32.5万公里，居全国第一，其中高速公路通车里程6820公里，居全国第二，基本实现了从“蜀道难”到“蜀道通”的转变。

面对未来的交通建设重任，让人想起了2200多年前，屈原在《离骚》中吟出的千古名句：“路漫漫其修远兮，吾将上下而求索。”也可以理解为：道路越修越远，进入建设条件更加艰苦的盆周山区，我们交职院的莘莘学子，将更加努力，把握新时代，开创新局面，努力探索，为智慧蜀道、智能交通，尽责贡献。

第十三节　“劳模工匠进校园”活动典型人物先进事迹——杨文浩

【人物简介】杨文浩，男，1995年1月出生，四川遂宁人，中共党员，研究生，汽车维修高级技师，第44届世界技能大赛汽车技术项目银牌获得者，“全国技术能手”“全国青年岗位能手”。

新青年、新技能、新梦想

一、青年逐梦——奋斗的青春最美丽

2013年9月，杨文浩被录取到四川交通职业技术学院汽车服务工程专业，成为四川交通职业技术学院的首届高端技术技能型本科班学生。

大一的时候，他学习目标明确，成绩优异，班级表现突出，获得多项学院奖学金。他还利用课余时间考取了驾照，通过了英语等级考试和计算机考级。

大二时，他开始接触专业课，接触实车，那时汽车系的实训室都是开放的，有兴趣的同学都可以在课余时间来实训室练习。有时遇到拆装变速器，他就几个人一组，利用晚上和周末的时间，在老师的指导下，分解大修发动机，又重新组装，成功打火。长时间地泡在实训室，在这些理论和动手的操作过程中，他实实在在地收获了知识和技能。他还主动申请汽车系勤工助学实训室管理员的岗位，帮助老师管理实训室。也正是因为这样的机会，他可以长时间与这些工具、设备打交道，实训室也管理得井井有条，每天都过着充实而忙碌的大学生活。

大一大二打基础，大三大四拼技能。世界技能大赛被誉为“世界技能奥林匹克”，其竞技水平代表了世界职业技能领域的最高水平，代表国家出征成为每一个学技能的学生心中最大的梦想。怀揣着这样的梦想，他克服了种种困难，在大三的时候，开始全身心投入到竞赛工作中。经过学院近1年的集中训练后，他代表四川省参加汽车技术项目全国选拔赛，并最终入围国家集训队。

训练选拔的整个过程残酷且艰难，是技能的比拼，是体力与脑力的比拼，也是心理素质的比拼，这无疑对个人综合能力提出了更高要求。每天高强度的训练消耗着人的体能、挑战着个人的技能水平。训练期间，他从早上6点到晚

上 10 点，有计划、有步骤，周而复始地进行体能训练、英语学习、技能操作训练，深夜回去后还要进行总结，看维修手册及各种资料。到了训练后期，为了适应阿布扎比的时差，每天会训练到凌晨两点，进行倒时差训练。两年备赛，没有周末与法定假日，过年也只休息了大年三十和初一两天。一路尽是咬牙的历练与坚持，但正是这样的坚持和经历，让他在技能路上的脚步愈加坚定从容。

在经历过无数挑灯夜战与挥汗如雨的日子之后，虽然以最后一名的身份进入国家集训队，但他夜以继日地继续努力着，最终在 10 进 5 选拔赛中，以第一名的成绩成功晋级。随后，在五进二、二进一的选拔中，他用一如既往的稳定发挥，一路过五关斩六将，打败全国各地的顶尖高手，最终以第一名的身份代表中国参加在阿联酋阿布扎比举行的第 44 届世界技能大赛。

“汽车技术”项目比赛历时 4 天，共 8 个模块的比拼。每天各国参赛选手抽签决定 2 个模块，4 小时的比赛。对于每一位参赛选手而言，在有限的赛时内做出正确、有效的判断与操作是决定成败的关键。比赛中，他也遇到过意料之外的状况，在对一个故障进行正确判断后，发现该故障因裁判失误并未设置成功。出于赛事规则，裁判暂停了比赛时间，重新设置障碍后再次进入比赛。因为平时严格的心理和技能训练，他很快调整自己的状态，高度集中注意力，全身心投入到接下来的赛事中，没有让意外影响比赛进程，最终取得满意的成绩。他不负众望，为祖国夺得一枚宝贵的银牌，实现了中国在该赛项上零奖牌的突破。

二、感恩与传承——匠心传承一直在路上

在杨文浩站上了世界技能大赛的舞台之后，他重新回归校园，开始攻读汽车专业的研究生，保持学习和研究的能力。同时，他也加入师兄们的行列，培养第 45 届世赛选手。四川交通职业技术学院的贺希、林峰两位同学在他和团队老师的指导下，在汽车技术项目十进五的比赛中以全国第二、第三的优异成绩成功晋级。同时他也筹备组建了学院汽车技术项目的下一梯队，为后续人才选拔、培养出谋划策。他努力将心中的技能火焰传递给更多的有志青年，希望通过传播世赛精神带动更多的人加入工匠之列，引领众多小工匠齐力共筑新时代的中国梦。

杨文浩通过个人的责任感、精益求精的工匠精神、良好的职业道德和爱岗敬业精神诠释着这个时代赋予工匠精神的内涵。他深刻明白要真正成为具有工匠精神的匠人，道路从来不是一帆风顺，甚至说是极度坎坷。他时刻以“大国

工匠”为目标，大力弘扬劳模精神、努力践行工匠精神，虚心学习，同时将学到的知识和技能传承给更多的人，助力带动中国从“制造大国”走向“制造强国”，为学院和国家的发展作贡献。

参考文献

[1] 胡锦涛. 坚定不移沿着中国特色社会主义道路前进　为全面建成小康社会而奋斗 [M]. 北京：人民出版社，2012.

[2] 中共中央办公厅印发《关于培育和践行社会主义核心价值观的意见》[EB/OL]. 人民网，2013－12－24 [2018－04－08]，http://politics.people.com.cn/n/2013/1224/c1001－23925470.html.

[3] 习近平2014年5月4日在北京大学师生座谈会上的讲话 [N]. 人民日报，2014－05－05.

[4] 习近平. 把培育和弘扬社会主义核心价值观作为凝魂聚气强基固本的基础工程 [EB/OL]. http://cpc.people.com.cn/n/2014/0226/c64094－24464564.html,2014－02－26/2018－04－08.

[5] 赵小菲. 践行社会主义核心价值观，加强大学生职业道德教育 [J]. 企业导报，2015 (10).

[6] 庞丹丹. 弘扬“两路”精神加强大学生社会主义核心价值观教育 [J]. 重庆交通大学学报（社会科学版），2015，15 (04)：9－11.

[7] 习近平. 决胜全面建成小康社会　夺取新时代中国特色社会主义伟大胜利——在中国共产党第十九次全国代表大会上的报告 [J]. 理论学习，2017 (12)：4－25.

[8] 闫瑞杰，李海香，金国文. 大学生思想政治教育中社会主义核心价值观的融合——评《社会主义核心价值观与大学生思想政治教育研究》[J]. 染整技术，2018，40 (12)：123.

[9] 白晓梅. 当代大学生培育和践行社会主义核心价值观的必要性和路径研究 [J]. 农村经济与科技，2018，29 (23)：287－288.

[10] 陈臣. 大学生社会主义核心价值观教育机制创新研究 [D]. 北京：北京交通大学，2019.

[11] 贾洪岩，韩锋. 高校培育和践行社会主义核心价值观着眼点和关键路径研究 [J]. 大众文艺，2018 (22)：203－204.

[12] 祝扬扬，李浩. 社会主义核心价值观融入高校学风建设的实践研究 [J]. 中国报业，2018 (22)：106－107.
[13] 邹红霞. 谈高职院校思政课社会主义核心价值观教育途径 [J]. 广东职业技术教育与研究，2018 (05)：140－141.
[14] 王媛. 以社会主义核心价值观引领高校思想政治理论课教学研究 [J]. 高教学刊，2019 (25)：19－21.
[15] 杨雪梅. 社会主义核心价值观视角下的高校思政教育 [J]. 教育教学论坛，2019 (50)：20－22.
[16] 陈凌子. 论大学生社会主义核心价值观的培养路径 [J]. 现代经济信息，2019 (23)：390－391.
[17] 张春明. 社会主义核心价值观融入高职院校大学生公民意识教育路径探究 [J]. 智库时代，2019 (48)：7－8.
[18] 王世东. 社会主义核心价值体系引领下的学校德育教育新策略 [J]. 学周刊，2019 (34)：148.
[19] 张意梵. 中华优秀传统文化对社会主义核心价值观的滋养 [J]. 世纪桥，2019 (10)：71－74.
[20] 刘建廷. “两路”精神的时代诠释 [J]. 攀登，2019，38 (04)：35－39.
[21] 陈丽. 微媒体时代对大学生核心价值观构建的影响及策略 [J]. 智库时代，2020 (03)：80－81.
[22] 刘裕红. 社会主义核心价值体系引领下的高职院校思想政治教育探究 [J]. 科教文汇 (中旬刊)，2020 (01)：32－33.
[23] 栾国栋. 以核心价值观构筑校园文化之魂 [N]. 吉林日报，2020－01－06 (007).
[24] 井晓宁，王翠云. 新时代高校大学生社会主义核心价值观培养路径 [J]. 广西民族师范学院学报，2019，36 (06)：133－136.
[25] 青海大学马克思主义学院院长助理、清华大学法学博士　武传鹏　青海大学马克思主义学院硕士研究生　申富倩. 推动以社会主义核心价值观引领文化建设制度化 [N]. 青海日报，2020－01－13 (011).
[26] 韩冰雪. 新时代背景下大学生社会主义核心价值观的教育路径研究 [J]. 佳木斯职业学院学报，2020，36 (01)：11－12.
[27] 刘建军. 以社会主义核心价值观引领文化建设 [N]. 台州日报，2020－01－15 (005).
[28] 张亚娥. 新时代道德中国建设的核心价值观 [N]. 中国社会科学报，

2020－01－15（006）.

［29］何燕. 让社会主义核心价值观落地生根［N］. 兵团日报（汉），2020－01－16（006）.

［30］陈蕾，秦敏. 高职院校在网络育人中加强社会主义核心价值观培育实践与探讨——以四川交通职业技术学院为例［J］. 四川省干部函授学院学报，2019（02）：83－86＋91.

［31］陈蕾. 全媒体环境下职业院校宣传工作有效性研究——以四川交通职业技术学院为例［J］. 现代职业教育，2019（10）：186－187.

［32］王蓉霞. 社会主义核心价值观融入高职院校主题班会教育探析［J］. 智库时代，2020（06）：77－78.